精益管理

企业爆发式增长策略

文 斌 ◎ 著

中国铁道出版社有限公司
CHINA RAILWAY PUBLISHING HOUSE CO., LTD.

图书在版编目(CIP)数据

精益管理：企业爆发式增长策略／文斌著. -- 北京：中国铁道出版社有限公司，2024.9. -- ISBN 978-7-113-31393-7

Ⅰ.F272

中国国家版本馆 CIP 数据核字第 2024QV5571 号

书　名：	精益管理——企业爆发式增长策略 JINGYI GUANLI：QIYE BAOFASHI ZENGZHANG CELÜE
作　者：	文　斌

责任编辑：	奚　源	编辑部电话：	（010）51873005
封面设计：	宿　萌		
责任校对：	苗　丹		
责任印制：	赵星辰		

出版发行：	中国铁道出版社有限公司（100054，北京市西城区右安门西街 8 号）
网　　址：	http://www.tdpress.com
印　　刷：	三河市宏盛印务有限公司
版　　次：	2024 年 9 月第 1 版　2024 年 9 月第 1 次印刷
开　　本：	710 mm×1 000 mm　1/16　印张：12.5　字数：160 千
书　　号：	ISBN 978-7-113-31393-7
定　　价：	68.00 元

版权所有　侵权必究

凡购买铁道版图书，如有印制质量问题，请与本社读者服务部联系调换。电话：(010)51873174
打击盗版举报电话：(010)63549461

前　言

当前，随着经济的发展，市场环境不断变化，对企业的发展提出了新要求。企业需要寻找有效的管理方法，以提升竞争力，实现可持续发展。同时，数字技术的发展使得企业的管理方式与管理理念发生了变化，越来越多的企业开始通过系统化的管理方式协调各种管理要素，以较少的投入获得更大的产出。

具体而言，当前的企业管理呈现以下几种趋势：

首先，灵活性与敏捷性成为企业管理的重要趋势。面对变化多端的市场，越来越多的企业搭建灵活的组织架构和业务流程，以快速做出决策，快速响应市场需求。

其次，数据驱动与数字化成为企业管理的趋势。越来越多的企业认识到数据对企业管理的重要性，加大力度进行数据采集与分析，以数据驱动决策、优化管理策略等。

最后，持续创新也是企业管理的重要趋势。越来越多的企业开始进行技术创新、商业模式创新、营销策略创新等多方面的创新，以获得新的发展活力，实现创新发展。

面对企业管理的新趋势，很多企业从战略层面入手，梳理自身战略，审视管理方法，并尝试进行管理体制的变革，以提升管理效率。

战略是企业关于未来发展的系统性思考，而战略规划是企业经营管理的顶层设计。本书就从战略规划讲起，助力企业做好战略规划，保证企业战略具有科学性，以发挥战略在企业管理中的指导作用。

组织建设与商业模式创新是企业管理的基础性内容。有了完善的组织架构和成功的商业模式，企业才能对各环节及各项业务进行有效管理。

技术赋能、产品研发、营销、员工激励、文化建设、用户维护等也是企业管理中的重要板块。做好这些方面的管理工作，企业内部的活力才能被充分激发，业务效率才能提高，企业才能实现高效运转。

此外，面对竞争激烈的外部环境，企业也需要关注生态打造、资本运作和品牌创新，加强与外部市场的连接，以及与上下游伙伴的合作，加快扩张步伐与品牌建设，从多方面提升竞争力。

本书针对企业想要实现精益管理这一需求，详细、系统化地讲解管理方法论，助力企业实现爆发式增长。通过阅读本书，企业管理者、创业者等可以学习到丰富、实操性强的管理方法，提升自身的企业管理能力，助推企业实现进一步发展。

作　者

2024年6月

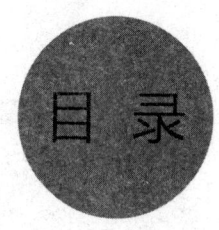

第一章 战略规划：明确工作重点与目标 / 001

第一节 从准备到实施，逐步推进战略 / 002

一、明确现状：了解外部环境与资源状况 / 002

二、目标设定：依据流程合理制定 / 004

三、明确战略：选择合适的战略 / 005

四、落地实施：推动战略执行 / 006

第二节 三大战略，实现企业战略突破 / 009

一、差异化战略：聚焦自身独特优势发力 / 009

二、跨品类战略：提升企业竞争力 / 011

三、平台化战略：价值共创驱动增长 / 012

第三节 战略迭代：持续迭代驱动创新 / 013

一、战略迭代的三大要点 / 014

二、持续推进战略迭代与创新 / 015

三、链家:持续战略迭代实现进化 / 016

第二章 组织建设:以组织架构优化激发活力 / 019

第一节 合理设计组织架构,提高组织效能 / 020

一、组织设计原则拆解 / 020

二、选择合适的组织架构 / 021

第二节 组织评估:发现组织问题与机会 / 023

一、瞄准组织评估切入点 / 023

二、掌握合适的组织评估方法 / 024

三、梳理评估内容,总结评估报告 / 025

第三节 组织优化:保持组织先进性 / 027

一、以内部创业激发组织活力 / 027

二、明确方向,提升组织能力 / 028

三、自上而下进行组织变革 / 031

四、海尔:组织转型先行军 / 033

第三章 商业模式创新:打造强竞争力的商业策略 / 035

第一节 商业模式拆解 / 036

一、树立正确的商业模式认知 / 036

二、商业模式核心构成要素 / 037

三、设计原则:资源整合,持续盈利 / 040

第二节　创新路径:多角度驱动创新 / 041

一、以新组合打造新模式,迎合市场需求 / 042

二、聚焦边缘市场进行创新,形成独特性 / 045

三、平台化创新:借助外力＋打造自有平台 / 046

四、思考更多收入机会,提升商业模式价值 / 048

五、携程:商业模式持续创新 / 050

第四章　技术赋能:打造企业转型的技术力量 / 053

第一节　数字化发展成为企业发展新方向 / 054

一、数字时代展现新趋势 / 054

二、数字化发展下的三大变化 / 055

三、华为:新时代的转型之路 / 057

第二节　数字技术为企业转型提供支持 / 059

一、大数据:商业价值明显,助力精准运营 / 059

二、人工智能:解放生产力,提高经营效率 / 060

三、云计算:商业应用优势明显,赋能业务 / 062

第三节　聚集技术能力,打造智慧化中台 / 063

一、中台的三大类型 / 064

二、科学搭建中台,持续赋能企业 / 067

三、案例解析:企业搭建业务与数据中台 / 068

第五章 产品研发:推进产品迭代与创新 / 069

第一节 聚焦产品定位,打造产品优势 / 070

一、聚焦细分市场打造产品 / 070

二、聚焦功能设计,强化产品优势 / 072

三、三只松鼠:将碧根果打造成爆品 / 073

第二节 推进产品迭代,保持产品优势 / 074

一、产品迭代,满足用户需求 / 075

二、产品迭代五大策略 / 076

三、喜马拉雅:基于人工智能进行产品迭代 / 078

第三节 加速新品研发:以新产品获得更多利润 / 081

一、市场调研:新品开发的前提 / 081

二、敏捷开发:加速产品运作 / 083

第六章 营销策略:驱动品牌传播与增长 / 085

第一节 合理规划策略,凸显品牌优势 / 086

一、差异化定位,凸显品牌差异化优势 / 086

二、持续强化策略,提高品牌辨识度 / 088

第二节 明确营销流程,打造营销闭环 / 089

一、通过市场调查明确营销方向 / 090

二、深化用户分析,让用户需求更准确 / 091

三、三大要点,打造营销闭环 / 092

第三节 拆解营销方案,强化营销势能 / 094

一、创意营销:快速吸引用户目光 / 094

二、整合营销:强化品牌营销优势 / 095

三、游戏化营销:提升营销趣味性 / 096

四、口碑营销:催化营销效果 / 098

第七章 激励制度:多种激励挖掘员工潜能 / 101

第一节 关注激励的方式与效果 / 102

一、聚焦物质与精神,进行综合激励 / 102

二、即时激励＋长期激励,提高激励效果 / 104

第二节 明确激励的要点 / 105

一、打造公平且具有激励性的薪酬体系 / 105

二、关注员工需求,设置多重福利 / 107

三、设置榜样,发挥优秀员工的带头作用 / 109

第三节 以股权绑定利益,实现长久激励 / 111

一、股权激励认知升级 / 111

二、合理设计股权激励方案 / 112

三、多种方式：干股＋实股＋虚拟股 / 114

四、案例分享：新兴互联网企业的股权激励 / 115

第八章　文化构建：以文化纽带连接企业与员工 / 117

第一节　认知拆解：建立正确的文化认知 / 118

一、多重构成要素 / 118

二、明辨误区，建立正确认知 / 120

第二节　具体措施：关注文化打造与持续发展 / 122

一、打造共同愿景，凝聚战斗力 / 122

二、以企业文化建立情感纽带 / 124

三、把握流程，推动文化升级 / 125

第三节　多环节践行企业文化 / 127

一、招聘：注重价值观考察 / 127

二、培训：提高员工对价值观的认同感 / 129

三、考核：引导员工践行企业文化 / 130

第九章　用户维护：以优质服务沉淀更多用户 / 133

第一节　用户洞察：以用户画像明确用户需求 / 134

一、绘制用户画像，明确用户群体 / 134

二、借数字技术洞察用户,助力用户运营 / 136

第二节 三大路径有效维护用户 / 137

一、搭建会员体系,留存用户 / 137

二、重视用户反馈,健全沟通机制 / 139

三、搭建社群,深度连接用户 / 141

第三节 完善服务,为用户提供优质体验 / 143

一、定制服务满足用户个性化需求 / 143

二、搭建完善售后服务体系 / 144

三、星巴克:以用户为中心的服务设计 / 146

第十章 生态打造:以合作发挥生态势能 / 149

第一节 以合作共享资源,创造更大价值 / 150

一、借助外力,打造智能生态 / 150

二、寻找战略合作伙伴,携手探索 / 151

三、借开放平台打造行业生态圈 / 152

四、网易云音乐:与抖音共建生态 / 153

第二节 产业互联网:搭建广泛互联的产业生态 / 154

一、产业互联网三大价值 / 155

二、产业互联网搭建的步骤 / 157

三、影子科技:以技术探索产业互联网 / 159

第十一章　资本运营:合理规划资本实现扩张 / 161

第一节　资本运营基础:建立正确认知 / 162

一、聚焦核心资源进行资本运营 / 162

二、扩大规模并不是万能的 / 163

第二节　扩张路径:内生式扩张+外延式扩张 / 164

一、内生式扩张:凭借技术优势实现扩张 / 164

二、外延式扩张:扩展产品范围实现扩张 / 165

第三节　并购重组:资本运营实现扩张的重要手段 / 168

一、并购重组优势明显 / 168

二、关注不协同因素带来的风险 / 170

第十二章　品牌创新:增强品牌价值与声誉 / 173

第一节　三大创新路径:战略+产品+体验 / 174

一、以战略创新打造竞争优势 / 174

二、聚焦技术与设计进行产品创新 / 175

三、打造沉浸式交互新体验 / 177

第二节　品牌架构:选择合适的品牌架构模式 / 178

一、单一品牌架构:聚集品牌势能 / 178

二、多品牌架构:灵活应对多种市场需求 / 179

第三节　打造多种 IP，推进品牌 IP 建设 / 182

　一、品牌 IP 化发展成为趋势 / 182

　二、打造人格化 IP，深化品牌形象 / 183

　三、打造活动 IP，形成品牌记忆 / 184

第一章

战略规划：明确工作重点与目标

———

　　战略规划是企业开展业务的前提。有了战略规划，企业才能明确业务发展的重点与目标，跟随战略规划的指引逐步接近直至最终完成目标。战略规划能够指引企业发展的方向，指导企业科学管理并合理利用资源，降低企业经营风险，助力企业实现稳定发展。在战略规划方面，企业需要了解战略从准备到实施的流程、寻找战略突破口，并重视战略的持续迭代。

第一节 从准备到实施,逐步推进战略

战略规划是一个持续、系统性的过程。在进行战略规划时,企业需要明确外部环境与内部资源状况,在此基础上设定合适的发展目标,并根据目标确定合适的战略,最后再推进战略的实施。

一、明确现状:了解外部环境与资源状况

在制定战略时,企业首先要明确现状,对外部环境与自身资源状况进行分析。通过这两方面的分析,企业能够对行业宏观环境、市场趋势、自身能力与资源等有清晰的认知,为战略的制定奠定基础。

1. 外部环境

在外部环境方面,企业需要关注两个要点:

(1)宏观环境分析。宏观环境分析包括对经济环境、法律环境、技术环境、文化环境等方面的分析。其中,在经济环境方面,企业需要了解经济增长情况、货币政策、汇率等;在法律环境方面,企业需要了解相关政策、进出

口限制等；在技术环境方面，企业需要了解技术发展趋势、产品生命周期等；在文化环境方面，企业需要了解当前的教育水平、社会价值观、人们的工作习惯等。通过宏观环境分析，企业可以认清外部宏观形势及其对自身经营的影响，制定符合外部环境发展大趋势的战略。

（2）行业环境分析。行业环境分析包括对行业周期、行业集中度、行业吸引力、行业结构、竞争对手等方面的分析。其中，通过行业周期分析，企业能够明确自己所处的行业处于什么发展阶段，如是处于增长期还是成熟期。通过行业集中度分析，企业能够明确行业发展现状，明确行业是否已经被巨头所垄断、自己能否占据较大市场份额等。

通过行业吸引力分析，企业能够明确行业是否具有发展前景，能否实现快速增长等。通过行业结构分析，企业能够了解行业内的现有竞争者、潜在竞争者、卖方与买方的议价能力等，进而了解行业竞争态势。此外，企业还需对竞争对手进行分析，了解竞争对手的经营战略、经营能力、竞争优势等，进而采取合适的应对策略。

2. 自身资源

在自身资源状况方面，企业需要对自身拥有的资源与自身的能力进行分析。

（1）自身资源分析。企业需要分析自身拥有的有形资源与无形资源。其中，有形资源包括财务、人力、物质等方面的资源，如厂房、员工、资金等。无形资源包括技术、声誉等，如专利技术、信誉等。企业需要分析这些资源的使用情况，确保资源能够通过优化配置支撑战略顺利落地。

（2）自身能力分析。企业需要分析自身的产品竞争力、管理能力、生产运营能力等。其中，产品竞争力主要体现在市场占有率、销售增长率等方面；管理能力主要体现在企业运营效率、资源利用率、信息处理等方面；生产运营能力主要体现在利润率、存货周转、总资产周转率等方面。

通过对自身资源状况的分析,企业能够确定自身资源水平、运营能力等,了解自身的优势与不足,明确制定发展战略的思路和方向。

二、目标设定:依据流程合理制定

制定战略目标是企业战略规划的重要环节,指明了企业的战略方向。为保证战略目标具有科学性,在设定战略目标时,企业需要遵循的步骤如图1.1所示。

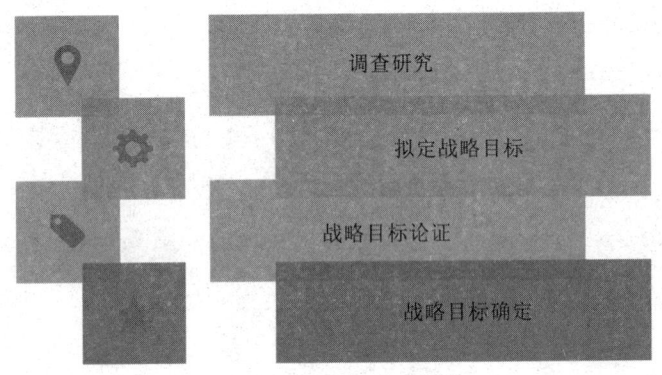

图1.1 设定战略目标的步骤

1. 调查研究

在设定战略目标之前,企业需要进行一系列调查研究工作,包括对历史调查研究成果进行回顾、整理,研究企业面临的机会与挑战,企业参与竞争的优势与劣势,企业的需求与资源现状等,为战略目标的设定奠定基础。

2. 拟定战略目标

在调查研究的基础上,企业可以拟定初步战略目标。一方面,企业需要基于对外部环境、自身资源以及发展需求的考虑,确定战略方向;另一方面,企业需要对自身的能力、技术水平等进行全面衡量,对沿着战略方向前进的过程中需要开展的活动进行规划,从而形成战略目标方案。需要注意的是,企业需要尽可能多地提出战略目标方案,便于进行对比和择优选择。

3. 战略目标论证

拟定好战略目标之后,企业需要组织各层级管理者、业内专家等对战略目标方案进行论证。一方面,需要论证战略方向是否正确、是否符合企业精神、与企业的发展需求是否匹配等;另一方面,需要论证战略目标的可行性,即根据战略目标的具体要求,明确企业发展现状与战略目标的差距,同时分析企业的能力、资源水平等是否能够支撑战略目标的实现。

此外,企业还需要论证战略目标的完善程度,包括战略目标是否明确无歧义、战略目标的内容是否协调一致、战略目标内容是否最优等。通过以上种种论证,企业能够进一步完善战略目标,使战略目标更加科学。

4. 战略目标确定

经过战略目标论证,并对其中的不协调之处进行调整后,企业需要对战略目标的正确性、可实现性等进行最终权衡,确认无误后,即可确定战略目标。

三、明确战略:选择合适的战略

在设定好战略目标后,企业接下来要做的就是根据战略目标的要求,选择合适的战略。企业战略主要包括市场导向战略、资源导向战略、创新导向战略等。

1. 市场导向战略

市场导向战略指的是企业通过对市场需求的挖掘与分析,推出能够满足市场需求的产品或服务,从而获得更多市场份额。

在这种战略下,企业首先需要做好市场分析与定位,了解市场需求与用户偏好,以及市场竞争情况,明确市场痛点与机会,进而明确自身定位。

其次，明确市场定位后，企业需要积极推进产品设计、功能、服务等方面的创新，满足用户不断变化的需求。

最后，企业需要通过开展促销活动、在媒体平台上打广告等市场营销手段，将产品推向市场。

2. 资源导向战略

资源导向战略指的是企业通过整合与优化内外部资源，提升竞争力，进而获得更多市场份额。

在这种战略下，企业需要做好资源整合，对人力资源、物质资源、资金资源等进行整合与优化。在此基础上，企业需要打造自身竞争优势，如技术优势、品牌优势等。此外，企业要注意提高生产效率，降低成本，以提高竞争力。

3. 创新导向战略

创新导向战略指的是企业凭借技术研发、技术创新等，强化自身核心能力，打造能够支撑自身实现可持续发展的长期竞争优势。

在这种战略下，企业需要通过分析自身优势与市场竞争情况，挖掘自身核心能力。同时，企业需要聚焦核心能力，投入资金与人力资源，积极进行新技术研发、新产品打造等，进一步强化核心能力。此外，企业需要持续进行创新和研发，不断提升创新能力和研发能力，保持自身技术优势与市场地位。

企业可以根据战略目标的要求、自身资源储备、在竞争中所处的位置等具体情况，选择合适的战略。

四、落地实施：推动战略执行

确定好战略后，企业即可推进战略的落地执行。只有战略真正被落实，战略规划才有意义。

在战略落地过程中,往往会存在执行力偏差等问题,导致战略执行达不到预期的效果。这往往是多种原因导致的,如战略共识不足,战略执行路径不清晰,战略资源不匹配,缺少支撑战略目标实现的制度体系、协同等。

为了避免出现以上问题,企业需要了解推动战略实施的关键环节,如图1.2所示。

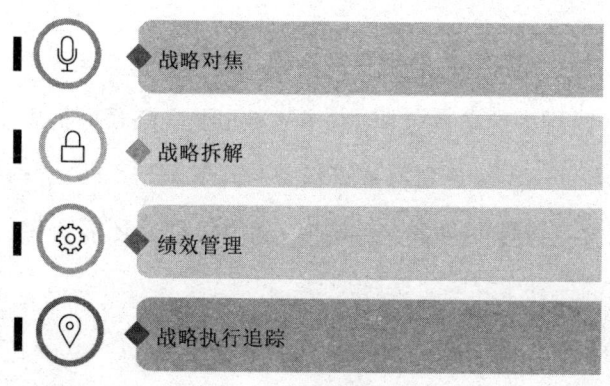

图1.2　推进战略实施的关键环节

1. 战略对焦

在战略实施过程中,企业首先要做好战略对焦,使管理者和员工对战略达成共识。企业可以通过召开战略规划会、战略梳理会等,召集高层管理者共同思考战略并实现战略共创。在这个过程中,高层管理者能够更加明确企业战略的定位、目标、实施路径等。

同时,企业可以向中层、基层管理者及员工讲解战略。企业不仅要向他们讲解战略内容,还要讲清楚战略背后的思考。讲解完毕后,企业需要收集反馈,进一步解答员工疑问。通过战略对焦,能够明确管理者及员工是否深刻理解战略、是否对战略达成共识。

2. 战略拆解

战略拆解是战略实施过程中的一个重要环节,是战略落地的关键。一方面,战略拆解能够加深员工对战略的理解;另一方面,能够明确战略执行的关键任务、主要时间节点与任务负责人。

战略拆解包括两个层面的拆解:

第一个层面是对企业战略目标的拆解。企业需要明确战略目标的关键任务、人力与财力需求、需要哪些部门进行协同、各部门的部门目标及需要承担的责任。

第二个层面是对部门战略目标的拆解。部门管理者需要明确自己的部门在战略实施过程中的角色与职责,并基于企业战略目标拆解下来的部门战略目标,明确部门年度规划与重点任务;将部门目标逐层分解到小组、员工身上,明确每项任务的负责人。同时,部门管理者还需要做好跨部门协同,针对不同的任务做好协同规划。

3. 绩效管理

部门战略目标分解到员工身上之后,企业可以将战略的执行情况与绩效管理联系起来,推动员工与部门做好战略执行工作。企业可以从部门战略目标、员工个人承担的工作中,拆解绩效考核的部门指标、岗位指标、个人指标等。

在这个过程中,企业需要保证部门与员工的工作足够聚焦,即并不是所有的工作都纳入绩效考核中,而是将对部门战略目标实现具有推动作用的工作纳入绩效考核。

4. 战略执行追踪

在战略执行过程中,企业需要定期进行战略执行追踪,以对战略执行情况进行复盘。例如,企业可以每周或每月对战略执行情况进行复盘,了解战略执行的进度、战略执行过程中存在的问题等,以及时改进,确保战略计划按时完成。

企业应重点关注以上环节，以推进战略实施，最终实现战略目标。在战略执行过程中，当外部环境、企业经营出现重大变化时，企业需要及时调整战略，确保战略目标与战略执行始终具有科学性、合理性。

第二节 三大战略，实现企业战略突破

战略规划的核心是找到突破口，破解企业发展瓶颈，推动企业实现高速增长。差异化战略、跨品类战略、平台化战略等都是可以推动企业实现突破性发展的战略，企业可以根据自身实际情况做出合理选择。

一、差异化战略：聚焦自身独特优势发力

差异化战略指的是企业在经营过程中，聚焦自己的独特优势发力，以差异化特色吸引用户并建立竞争优势的战略。差异化战略是企业能够从激烈的市场竞争中脱颖而出的有效手段。

差异化战略可以通过多个方面表现出来（见图1.3），企业可以从这些方面入手，打造差异化竞争优势。

1. 独特的产品设计

产品的独特设计和产品的独特形象是企业差异化战略的一个表现。例如，戴森的吹风机、暖风扇等产品都融入了圆环的设计，这逐渐成为戴森产品的标识。戴森吹风机的出口处体现了中空圆环设计，这种设计能够在高

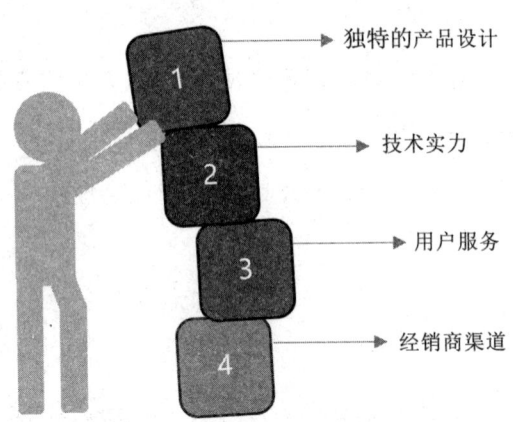

图 1.3 企业差异化战略的表现

速气流通过时平衡温度,带来舒适体验。戴森的暖风扇也采用了经典的圆环设计,机身上半部分为椭圆形的圆环,也是暖风扇的出风口。同时,椭圆形圆环的两面都设计有出风口,提供喷射式与扩散式两种出风模式。

2. 技术实力

差异化战略可以从企业的技术实力体现出来。企业深耕某一技术,打造了技术领先的形象,也就建立了与其他企业形成差异的优势。

例如,华为致力于 5G、芯片等先进技术的研发,并融合两大技术推出了麒麟 5G 芯片。麒麟 5G 芯片是我国第一款自主研发的 5G 芯片,支持主流频段与网络制式,具有高性能、低功耗等优势,可应用于手机、电脑等各种终端。领先的技术实力形成了华为的差异化竞争优势。

3. 用户服务

用户服务也是企业践行差异化战略、打造差异化优势的一种有效方式。例如,用户在使用产品的过程中存在疑问,企业可以及时为其提供指导;用户购买的产品出现问题需要维修时,企业能够快速响应用户的需求。在家电行业,海尔是以完善的售后服务打造自身差异化优势的典范,这成为用户选择海尔的重要决策砝码。

4. 经销商渠道

企业也可以聚焦经销商渠道打造自身差异化优势。企业可以搭建独特的经销商渠道,形成自身特色,重构用户的认知,凸显自身的差异化优势。例如,化妆品品牌微姿以药店为主要销售渠道,在大型药店中设立专柜。独特的渠道侧面体现出其在护肤方面的专业性,提高了用户对其的信任感。

企业可以从以上几个方面出发,结合自身独特优势制定差异化战略。基于差异化战略,企业能够打造出独特记忆点,吸引更多用户,进而获得更多利润。

二、跨品类战略:提升企业竞争力

对于一些产品品类较为单一但实力强劲的企业而言,跨品类战略是其打开新市场、获得新发展的重要手段。

雀巢凭借奶粉产品起家,旗下婴幼儿配方奶粉的销量多年排名前十,畅销许多国家。但在发展过程中,其遭遇了奶粉市场规模的"天花板"。在增长受阻后,雀巢不再只面向奶粉市场,而是不断拓展产品线,推出了雀巢咖啡、巧克力等新产品。同时,雀巢也加速了收购的步伐,通过收购酸奶公司、罐头公司等拓展产品品类。通过跨品类战略,雀巢逐渐发展成为拥有诸多产品品类的日用消费品巨头。

跨品类战略能够帮助企业获得怎样的竞争优势?

首先,跨品类战略可以激发企业活力,推动品牌成长。例如,洽洽瓜子实施跨品类战略,推出坚果产品,迎合了市场中年轻用户的需求,实现了品牌的年轻化发展与成长。

其次,跨品类战略有利于企业提高渠道竞争效率。基于企业成熟的销售渠道，新品类产品可以迅速推向市场，充分发挥企业渠道优势，提高渠道竞争效率。

最后，跨品类战略能够提高品牌认知度，使品牌更加强大。

在实施跨品类战略时，企业需要瞄准增量市场推出新产品，这样更容易实现增长。例如，当前，人们对健康饮品的需求大幅增加，无糖、无热量、无香精、无色素的瓶装水成为增量市场。在这种趋势下，今麦郎推出瓶装水产品——凉白开。自推出后，凉白开的销量不断增长，大幅提升了今麦郎的整体销售额。

在企业主营产品遭遇增长瓶颈时，企业可以聚焦其他增量市场开发新品类产品，以新产品的增长带动企业增长。

三、平台化战略：价值共创驱动增长

随着互联网不断发展，越来越多的习惯于"单打独斗"的企业实施平台化战略，通过打造开放性的平台实现突破性增长。

平台化战略的核心是以用户为中心，根据用户需求为其提供定制化的产品与服务。同时，平台化战略强调开放与协作。企业可以通过开放的平台吸引合作伙伴加入，共同开发新产品，创造更大价值。此外，企业也需要不断提升自身服务能力，提升用户体验。

平台化战略的优势主要体现在以下几个方面：

（1）提高效率。企业可以通过平台化战略引入外部资源，提高产品开发与生产的效率。同时，企业也能够更好地响应市场需求，提高服务效率。

（2）降低成本。企业可以通过平台化战略将非核心业务外包给合作伙伴，集中精力发展核心业务，降低运营成本。

（3）加速创新。借助平台化战略，企业可以通过与外部合作伙伴协作加速创新，快速推出新品，抢占市场先机。

基于以上优势，不少企业都积极进行平台化战略的实践。例如，某电商企业就实施了平台化战略。该电商企业打造了一个开放的平台，吸引合作伙伴加入，与合作伙伴共同开发产品并提供优质服务。该电商企业为合作伙伴提供多样的API（application programming interface，应用程序编程接口）和工具包，为合作伙伴的产品研发提供助力。同时，该电商企业还通过数据与利益共享的方式与合作伙伴共创价值。

通过实施平台化战略，该电商企业获得了进一步的发展，用户数量大幅增加，用户活跃度也实现了提升。同时，该电商企业的商品种类与数量都有所增加，满足了用户的多样化需求，交易额实现了稳步增长。

平台化战略是一种能够有效提高企业竞争力的战略，往往会改变企业的运营模式。未来，随着互联网的发展、市场需求的变化，平台化战略将在企业发展过程中发挥更重要的作用。企业可以根据自身需求打造开放的平台，聚合更多资源，以定制化产品、优质服务等应对市场与用户需求的变化。

第三节　战略迭代：持续迭代驱动创新

在发展过程中，企业面对的外部市场环境是不断变化的，企业战略需要保持对环境的敏锐性，以适应新形势、新需求。对此，企业需要适时对战略进行迭代，以保持战略的先进性。

一、战略迭代的三大要点

战略迭代是推动企业持续发展的重要手段。当企业内外部环境发生变化时，企业的战略也需要进行迭代，实现以新战略指导企业在新环境下的发展。

战略迭代需要变革以往战略，并推进新战略的落地。在这个过程中，企业往往会面临诸多阻力。要想保证战略迭代顺利进行，企业需要注意以下三大要点：

1. 企业要有一套科学的战略管理体系为战略迭代提供支撑

战略管理指的是企业对一定时期内的战略发展方向、目标、任务等的管理，以确保做出的战略决策是正确的。

企业需要针对三个核心问题设计战略管理体系。第一个核心问题是"在哪里"，即企业需要明确自身当前在市场中的位置与优劣势，明确怎样才能吸引目标用户的关注并为其提供符合其需求的服务。第二个核心问题是"去哪里"，即明确企业未来的发展方向。第三个核心问题是"怎样行动"，即企业采取什么措施才能更好地实现发展目标。

通过对以上三个核心问题的分析，企业能够明确自身现状、未来发展目标以及实现目标的方式。通过与现行战略进行比对，企业可以明确哪些战略需要变更，整体战略需要怎样迭代才能实现发展目标。

2. 企业需要有效推进战略迭代

在战略迭代过程中，企业需要对整体的战略规划进行调整，并推进新产品战略、新营销战略落地。在这个过程中，企业还应对相应的管理系统进行升级，为战略迭代的实现提供保障。

3. 文化迭代是战略迭代的重要组成部分

从某种意义上来说，战略迭代是一场思想文化层面的变革，其中的难点是对员工共识的改变。在进行战略迭代之前，需要先进行文化迭代，让企业的所有员工对新发展理念、新经营模式等建立起共识,让他们认识到战略迭代的必要性。这有利于减少战略迭代过程中的阻力,推动战略迭代顺利进行。

二、持续推进战略迭代与创新

市场需求与竞争状况不断变化,为了应对这些变化,企业战略也需要持续迭代。在这方面,企业需要做好战略优化与战略创新。

1. 战略优化

企业需要持续进行战略优化,使战略始终与外部市场环境保持适配性。当外部市场环境发生变化时,企业需要对当前的战略进行评估,明确其优势与不足,并通过市场趋势分析、竞争对手分析等,明确战略优化的方向。

企业需要对当前战略的科学性进行评估。当市场环境发生变化时,依照以往战略规划可能难以完成战略计划,因此企业需要对战略进行适当调整,使战略更加科学。同时,当市场中出现新的机遇时,企业也需要及时调整战略,以抓住机遇。

此外,企业需要对市场趋势与竞争对手进行分析,以了解市场中有哪些新趋势、新需求,通过与竞争对手的对比明确自身竞争优势,据此优化战略。

2. 战略创新

除了对现有战略进行优化外,企业还需要推进战略创新,以应对市场变化和市场竞争的挑战。企业可以从以下三个方面入手推进战略创新:

(1)技术创新。企业可以通过新产品研发、生产工艺改进等技术创新手段提高产品的性能和质量,提高产品竞争力。

(2)业务模式创新。企业可以变革传统业务模式,打造新的盈利模式、新的销售渠道等,使自己的产品或服务更具竞争力。

(3)市场创新。企业可以通过打造新产品品类、制定新的市场开发策略、开展独特的营销活动等,积极开拓新市场,扩大市场份额。

企业战略迭代是一个持续的过程。企业需要根据市场变化和自身发展的需要及时迭代战略,推进战略创新,从而更好地应对市场变化,提高竞争力。

三、链家:持续战略迭代实现进化

从创立到现在,链家经过了多次战略迭代。正是基于一次次的战略迭代,链家才发展为房地产经纪领域的龙头企业。纵观其发展历程,多次战略迭代推动了链家业务的发展与规模的扩大。

在创立之初,链家主营二手房交易业务。在这一时期,链家的战略目标是实现房地产经纪业务的标准化和专业化。链家深耕业务领域,完善了二手房交易方面的规则;在经纪人转型成为专业的工作者、客源及房源信息的获取等方面都取得了突破,为进一步发展奠定了基础。链家提出"真房源"的口号,以真实房源、真实位置、真实价格、真实图片、真实联系方式等打造竞争优势,实现了快速发展。

经过十余年的发展,链家在规范化的运作中走向成熟。数字技术的兴起让链家找到了新的战略方向。其开始进行数字化转型,借助数字化平台和数字化工具提高交易的透明度,为用户买卖房屋提供便利。

链家开发了一套新的交易规则,打造了经纪人合作网络,即房地产交易不再依赖单个经纪人完成,而是多个经纪人,甚至多家门店合作完成。链家的经纪人与各门店之间形成一个协作网络,这大幅提高了交易效率,链家也随着数字化转型战略的推进实现了进一步发展。

在数字化、网络化的运作模式成型后,链家进行大规模并购扩张。在这个过程中,伊诚地产、深圳中联地产等企业加入链家阵营。链家的业务逐渐覆盖到全国各地,门店数量与经纪人数量都实现了爆发式增长。

随着规模不断扩大,为了优化业务模式,链家借助数字化平台给予经纪人更多支撑,甚至帮助经纪人创业,让经纪人成为平台的用户。

基于数字化战略,链家全面推进平台化战略,进行了大规模的变革,推出了贝壳平台,并以贝壳平台为核心调整运作模式。这一战略加速了链家门店数量与经纪人数量的增长,使得链家的总交易额实现了突破。贝壳平台构建了一个多方参与的房地产数字生态,并通过一系列明确的奖惩标准、专业化的治理规则管理这一生态,实现了房地产业务的扩张。

从链家的发展之路可以看出,正是一次次的战略迭代推动了链家不断发展,使其实现了高质量成长。

第二章

组织建设：以组织架构优化激发活力

组织建设对企业发展至关重要，合理的组织架构可以让组织充满活力。在组织建设过程中，企业需要合理设计组织架构、适时进行组织评估并进行相应的组织优化，让组织架构始终能够满足发展需要。

第一节 合理设计组织架构，提高组织效能

合理设计组织架构能够激发组织效能。企业需要把握组织设计的原则，在此基础上设计出符合自身发展需要的组织架构。

一、组织设计原则拆解

组织设计是企业建立组织架构，明确各组织职能和业务流程的过程，目的是提高组织绩效，实现企业战略目标。在组织设计过程中，企业需要把握以下两个原则：

1. 战略导向原则

组织设计要以企业战略为指导，这是因为组织设计的目的是更好地支持和服务于企业的战略目标，只有将组织设计和企业战略紧密相连，组织才能真正推动企业发展。在组织设计方面，企业应该根据战略目标和市场定位，进行合理的组织架构设计和资源配置，以提高竞争力，实现可持续发展。

同时，组织设计应当考虑企业的核心竞争优势和职能分配，以确保企业高效运转。如果组织架构不清晰、资源配置不合理，企业内部就很容易产生

冲突和摩擦,导致企业运营效率降低,对企业的长远发展产生不利影响。

2. 权责均衡原则

权责均衡是组织设计的一个重要原则。权责均衡是指组织中的每名员工都应该获得相应的权利,并承担相应的责任。权责均衡能够促使员工充分施展技能、履行义务,为组织的平稳运转提供保障。同时,员工能够感受到被重视,工作积极性更高,有助于提升组织的整体效益。

在组织设计过程中,企业需要做到以下几个方面:

(1)企业需要清晰地定义和划分各级管理者的职责和权力,使各级管理者能够专注于自己的工作,更好地发挥领导、协调的作用。

(2)在分配工作时,企业需要平衡员工的职能和能力。企业要鼓励员工充分施展他们的能力,为员工分配与其能力相匹配的任务,以提升组织合力。

(3)企业需要肯定员工的参与和贡献。这能够使员工感受到自己的价值,增强自身的责任感,进而更加积极、主动地履行职责。

在把握以上原则的基础上,企业能够保证组织架构的合理性,设计出适应性较强的组织架构,提高运营效率。

二、选择合适的组织架构

组织架构有很多类型,不同类型的组织架构有不同的特点,适合不同的企业。企业需要明确自己的需求,选择合适的组织架构。常见的组织架构如图 2.1 所示。

1. 功能型组织架构

功能型组织架构是按照不同职能划分部门与工作职责,如市场部、生产部、财务部等,每个部门都有自己的专业领域和职责范围。这种组织架构适用于业务单一、业务流程固定的企业,在跨部门协作与创新方面存在缺陷。

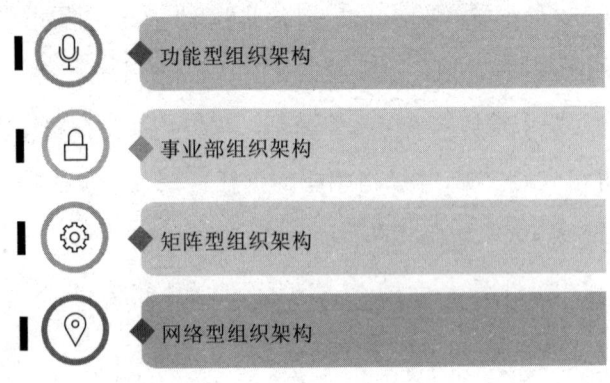

图 2.1　常见的组织架构

2. 事业部组织架构

事业部组织架构是根据企业的业务领域或产品划分组织。每个事业部相当于一个小公司，拥有相对独立的管理权。这种组织架构适用于大型企业，能够为企业的多元化经营提供助力。

3. 矩阵型组织架构

矩阵型组织架构在功能型组织架构的基础上融入了项目元素。在这种组织架构下，员工既归属于某一部门，也归属于某一项目，能够更好地进行协作。这种组织架构适用于拥有复杂项目、跨地区或跨国家的公司，能够确保企业快速响应市场需求。

4. 网络型组织架构

网络型组织架构是一种基于互动与协作的组织架构，组织内部层级关系与部门划分均不明确。这种组织架构适用于知识密集型企业与创新型企业，能够以高灵活性和适应性推动企业创新。

在选择合适的组织架构时，企业需要考虑发展目标、所处行业发展情况等因素，同时应遵循有效性和效率最大化的原则。在综合考虑各种因素的基础上，企业才能保证组织架构的科学性，组织架构才能真正为企业发展赋能。

第二节 组织评估：发现组织问题与机会

在发展过程中，组织面对的内外部环境不断变化，为了持续发挥组织优势，企业有必要进行组织评估、识别组织问题、发现组织发展机会等，通过完善组织推动企业实现持续发展。

一、瞄准组织评估切入点

在组织评估过程中，企业需要找准组织评估的切入点。一般来说，企业可以从管理、业务、文化三个方面进行组织评估。

在管理方面，企业需要分析各个组织的运作方式和协作水平，了解内部沟通是否顺畅，确保各个组织能够快速响应市场变化。如果组织内部沟通不畅，就会出现员工不知道如何开展工作的情况，导致企业的整体运营受到影响。

企业需要对运营过程进行监控和调整，对此，可以建立一套合理的控制机制，并定期对该机制进行审核和优化。同时，可以通过员工反馈、用户反馈等方式了解组织发展过程中存在的问题，并及时解决问题，以保障组织实现长期发展。

在业务方面，企业需要通过业务评估了解业务现状、业务运作的各个环节以及存在的问题，找出问题的根本原因，提出有效的解决方案。一方面，企业需要通过对各个业务环节的分析，找出业务发展瓶颈以及各环节之间的关系，评估价值链上各个环节的利润；另一方面，企业需要通过对业务流程的分析，找出流程中存在的问题，提供可行的优化方案，并评估流程优化的效果。

在文化方面，企业需要通过与员工进行内部沟通的方式搜集信息，获取员工对企业文化的认知，挖掘企业文化存在的潜在问题，为组织文化评估奠定基础。根据所获取的信息，企业需要从文化理念、发展使命、价值观等方面入手展开深入的分析，并将自身的文化与同行业企业的文化进行对比，找出自身文化的不足之处，并寻找优化方法。

二、掌握合适的组织评估方法

在进行组织评估时，企业需要掌握合适的组织评估方法。常见的组织评估方法有以下几种：

1. 问卷法

问卷法常实行5分制（很不满意，1分；不满意，2分；一般，3分；比较满意，4分；非常满意，5分），设置不同维度的问题，以收集所需信息，具体维度根据问卷调研的目的而定。

例如，在设计组织运行方面的问卷时，企业不仅要关注行业、用户、竞争对手，还要关注组织的人员配置、运行模式和员工的反馈等。企业需要根据自身现状，设计出合适的调查问卷。

2. 访谈法

访谈法即管理者与员工的面对面沟通。访谈前，管理者需要准备好访谈大纲。在设计访谈大纲时，管理者需要针对组织运作情况，有针对性地设计访谈的问题。一般来说，访谈大纲包括组织管控、组织效率、组织运作、业务匹配性等方面的内容。

在进行访谈时，管理者要注意访谈的态度和技巧，务必让员工打开心扉,畅所欲言,同时要认真记录访谈内容。在访谈结束后,管理者需要对所有访谈信息进行整理,从中发现有价值的内容,为组织评估提供更多依据。

3. 专家会议法

专家会议法是指由经验丰富的人员组成专家小组进行会议讨论,集思广益,最终形成结果的方法。以专家会议法开展组织评估时,企业需要确定专家的人选,可以选择企业内部的专家,也可以邀请企业外部的专家;企业需要为这些专家提供详细的资料,并支持这些专家开展组织评估活动,使其能够全面了解组织现状,进行深入的探讨和交流。

在进行组织评估时,单独使用某一方法得出的结果并不全面,无法深入发现组织问题,企业需要综合使用以上方法,进行全面的组织评估。

三、梳理评估内容,总结评估报告

在组织评估的最后,企业需要系统地梳理组织评估内容,将组织评估结果以报告的形式呈现出来。组织评估报告的主要内容如图2.2所示。

01	组织评估的基本情况介绍
02	组织内部环境分析
03	组织外部环境分析
04	组织问题分析
05	组织优化建议

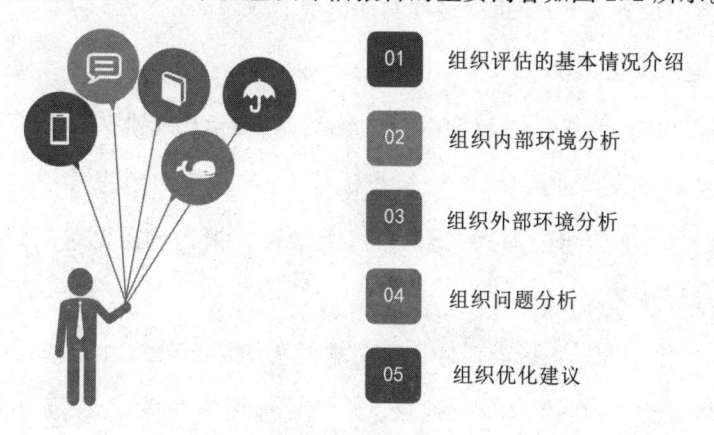

图2.2 组织评估报告的主要内容

1. 组织评估的基本情况介绍

组织评估报告的开头需要简明扼要地介绍组织评估的目的、方法、过程、调查人员等基本内容。这些内容能够清晰地反映出组织评估报告的可信性，便于他人理解组织评估报告的结论。

2. 组织内部环境分析

组织内部环境分析是组织评估报告中需要重点体现的内容。这部分内容包括企业文化、组织架构、人事政策、各岗位职责、团队合作，以及对影响企业组织效益的重要因素的详细分析。

3. 组织外部环境分析

组织外部环境分析也是组织评估报告中需要重点体现的内容。这部分内容包括行业竞争环境、政策、企业面对的机遇和挑战等。同时，这部分内容要体现时代、市场变化给企业发展带来的不确定性，并为企业应对不确定性提供建议。

4. 组织问题分析

组织评估报告中要有对组织现存问题的分析，如效率低下、管理混乱、创新能力不足等，同时要指出这些问题出现的原因。

5. 组织优化建议

组织评估报告中需要包括组织优化建议，即指出企业现存组织问题可以通过哪些方法得到解决，实现组织优化。同时，针对组织发展的实际情况、发展目标、未来可能遇到的阻力等，组织评估报告还需要对组织健康发展提出可行性建议。

总之，组织评估报告需要体现对组织问题的全面分析，也需要体现问题产生的根本原因和问题的优化建议。组织评估报告要科学、规范，从而更好地发挥指导作用。

第三节　组织优化：保持组织先进性

组织优化是组织建设的重要内容。组织优化可以提高企业运行效率、创新能力以及对市场需求的反应能力，从而提高企业竞争力。在组织优化方面，企业可以通过内部创业的方式激发组织活力，也可以通过组织变革实现组织的优化迭代。

一、以内部创业激发组织活力

很多企业通过内部创业的方式实现组织优化，激发组织活力。内部创业不仅是企业为员工发展新项目提供资源、渠道这样简单，还有更深层的含义。

（1）内部创业能够实现小成本试错，为企业未来业务的发展做准备。京东曾设立了一个众创学院，将其作为内部创业孵化器。京东认为，现在的世界充满了不确定性，3个月之前对市场情况的判断，3个月后可能就发生变化了。因此，企业的发展步伐不需要很大，而是要小步快跑。很多企业推行内部创业，主要目的是用小成本去试错，试探设想、创意能否落地。例如，很多互联网企业投资区块链项目，主要目的不是盈利，而是给未来业务的开展做准备，试探想法的可行性。

（2）内部创业能够刺激组织活性。Supercell Oy（超级细胞）是一家增长速度非常快的移动游戏企业。这家企业的员工很少，却创造了巨额利润。在企业内部，几个人就可以组成一个项目团队，各个团队独立运作，能快速试错和调整。而企业则负责为各个团队提供资金、流量等支持，其他方面完全不用费心管理。这样的内部创业主要是为了刺激组织活性，使员工充分释放个人潜力。对于企业来说，这能够提高员工工作效率，降低经营成本；对于员工来说，这能够提高薪酬水平。因此，这样的企业会产出越来越多的优质成果。

（3）内部创业能够建立持久的创新生态。真正优秀的内部创业，并不是企业独自"闭关"研究，而是主动融入一个创新生态。例如，华为与IBM公司合作，通过改进流程，建立起了研发、供应链、人力资源等诸多体系，实现了企业内部的生态创新。

市场中存在各种不确定因素，企业只有不断优化组织，激发组织活力，才能更从容地应对市场变化，实现长久、稳定的发展。而内部创业是激发组织活力与创新能力的有效手段，能够使组织长久保持先进性。

二、明确方向，提升组织能力

一些企业能够凭借技术优势、优质产品等因素在市场中迅速崛起，却难以实现长久发展，原因就在于这些企业没有强大的组织能力。组织能力是企业实现长久发展、持续为用户创造价值的重要支撑，强大的组织能力能够驱动企业发展。

在提升组织能力方面，企业需要做好两个方面的工作：一方面，企业需要明确提升组织能力的方向；另一方面，企业需要激活组织效能。

1. 明确提升组织能力的方向

提升组织能力需要与企业战略相匹配。企业需要依据战略分析组织能力的不足之处，规划组织能力提升的方向。

支持战略执行的组织能力需要有员工能力、员工思维模式、员工治理方式的支撑。

(1)员工能力。组织能力需要员工能力的支撑,即企业全体员工必须具备执行企业战略、提升组织能力的技能和素质。

如何培养员工能力？企业需要思考几个问题:要提升组织能力,企业需要什么样的人才？这些人才需要具备什么能力和特质？企业目前是否储备有这样的人才？如何引进、培养、留存合适的人才？

(2)员工思维模式。员工会做不等于愿意做,员工的思维模式也是组织能力的重要支撑因素。企业需要调整员工思维模式,让员工在工作中所关心和重视的事情与企业发展目标相匹配。在员工思维模式方面,企业需要考虑的问题有:员工需具备什么样的思维模式和价值观？如何培养员工具备这些思维模式和价值观？

(3)员工治理方式。员工具备了必要的能力和思维模式后,企业还需要为其提供有效的支持和资源,以帮助员工充分发挥自身价值,更顺利地执行企业战略。在员工治理方面,企业需要考虑几个问题:如何设计与企业战略相匹配的组织架构？如何充分整合资源,把握商机？企业的关键业务流程是否足够简洁？如何建立支持企业战略的信息系统和沟通机制？

组织能力的提升离不开员工能力、员工思维模式、员工治理方式三个方面的支持。在规划组织能力提升方向时,企业应以战略为基础,分析在战略执行的过程中哪个方面存在欠缺,削弱了组织能力,然后据此确定组织战略提升的方向。

如果员工能力是企业的弱项,那么企业就需要对员工进行培训、培养,并积极引入人才；如果员工思维模式是企业的弱项,员工有能力但是不愿意这样做,那么企业就需要改进绩效管理和激励体系；如果企业的弱项是员工治理方式,那么企业就需要完善各项管理制度,增强员工的纪律意识。

2. 激活效能

组织效能体现在能力、效率、质量和效益四个方面。

(1)能力:组织运作的基础和发展潜力,包括资本、资源、技术、人才、组织能力等。

(2)效率:包括管理效率和运营效率,组织想要实现更好的发展,就要不断提升效率。

(3)质量:组织所提供的产品或服务能够满足客户的需求、体现组织存在的价值。

(4)效益:增加值或附加价值,是组织运行的产出,包括利润、员工报酬、税收、利息等。

一般而言,企业可以从以下几个方面出发提升组织效能:

(1)强化战略绩效管理。战略绩效管理包括三个方面:一是战略和绩效挂钩。企业应将战略和绩效联系起来,根据战略明确绩效目标、明确责任分配,并制定完善的绩效管理方案。二是组织协同。企业需要围绕绩效管理目标进行纵向及横向协同,明确企业的整体绩效、部门绩效和个人绩效,确保绩效管理工作稳步推进。三是绩效管理体系化。企业需要制定完善的绩效管理制度和薪酬激励制度。

(2)提升人效。在提升人效方面,首先,企业需要制定具有激励性的薪酬体系,保证多劳多得,激发员工工作的积极性;其次,企业需要合理利用人才,了解不同人才的优势和潜能,并将其放到合适的岗位上;然后,企业需要制定合理的绩效目标并做好资源的合理配置,为员工提供必要的资源支持;最后,企业需要监督员工的工作,和员工保持沟通,降低员工工作出错的概率。

(3)优化组织架构。优化组织架构同样能够激活组织效能,企业可以通过一些方法优化组织架构。例如,合并冗余部门,职能相似的部门可重组或撤销;拓宽管理范围,管理幅度一般为6～15人,如管理幅度过小可将其合并;按产品、区域、渠道等维度整合业务单元;精简管理层级。

(4)工作流程优化。工作流程优化能够极大地提高组织效能。企业需要剔除不必要的活动和环节,使工作流程清晰、简洁。在工作流程优化方面,企业可以采取的措施有:引入自动化设备或系统,使自动化机器代替人工;外包非核心业务,集中资源开展核心业务;对业务流程进行分析,并对不合理之处进行改造。

总之,企业可以从战略绩效管理、提高人效、优化组织结构和工作流程结构四个方面入手,激活组织效能,实现组织优化。

三、自上而下进行组织变革

企业的组织架构需要与发展战略相匹配,当企业战略产生变动时,企业的组织架构也需要进行变革,以便更好地适应企业发展的需要。当企业战略发生变动时,企业需要做好自上而下的组织变革。组织变革的流程如图2.3所示。

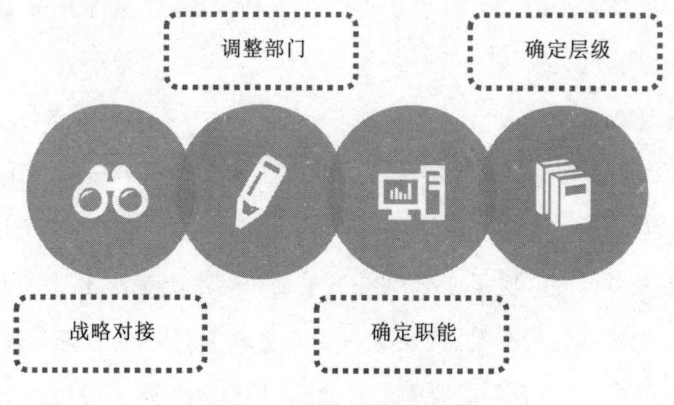

图2.3 组织变革的流程

1. 战略对接

战略对接是指企业需要将组织架构和企业战略进行对接。组织架构需要根据企业战略的变化而变化,当企业战略发生变化时,企业就需要对组织架构进行相应优化。

在进行战略对接时,企业需要明确战略可以细化为多少个小目标、这些小目标如何实现、实现这些小目标需要哪些部门配合等内容,并据此明确现有组织架构的不足之处。

2. 调整部门

在做好战略对接后,企业接下来就需要对部门进行调整。随着企业发展壮大,企业中的职能越来越多,分工也越来越细。当职能细分到一定程度时,各个部门的职能可能会产生交叉,这时必须把职能相近或者联系度高的部门整合起来,在这些部门中挑选出一个能力较强的人进行管理。例如,质检部门、生产制造部门和产品部门三者之间的协调、合作频繁,就可以交由一人管理。

3. 确定职能

部门调整之后,各部门的职能也要相应地产生变动。企业需要确定各部门的职能,使各部门明确其应承担的任务和责任、应怎样开展工作等,以更好地履行职责。

4. 确定层级

企业管理层级的多少与企业规模的大小密切相关。一般情况下,企业的层级多为四层:决策层、管理层、执行层和操作层。其中,决策层人员最少,操作层人员最多。层级受管理幅度的影响,层级越多,信息传递与沟通就越困难,越容易受到干扰;而层级过少则会使管理者的管理幅度过大,导致管理者不堪负荷。企业需要确定合适的层级,使各层级各司其职,实现组织高效运转。

企业需要基于提高组织效率的目的,按照纵向职能分工和有效管理幅度进行推算,确定具体的管理层级。较高一级的管理者应给予较低层级的管理者处理问题的权力,同时,较低层级的管理者必须对上级的决策做出反应,并向上级管理者汇报工作。

四、海尔:组织转型先行军

作为家电行业的龙头企业,海尔在组织转型方面积极探索,通过持续推进组织转型实现了长久发展。

1. 直线职能型组织架构

在早期发展阶段,海尔采用的是直线职能型组织架构。这是一种集权式组织架构,轮廓类似金字塔,最上面是厂长,最下面是普通员工。直线职能型组织架构的优点是领导层比较容易对终端进行控制,便于管理整个组织。在发展初期,这种组织架构帮助海尔及时调整业务,更好地适应市场变化,为海尔步入发展正轨提供有力支持。

然而,随着海尔发展壮大,直线职能型组织架构的弊端逐渐显露出来,具体体现在响应市场变化的速度较慢、高层管理者的工作负担较重。为了解决这些问题,海尔开始对组织架构进行改革。

2. 事业部制组织架构

为了推动企业的多元化发展,海尔的组织架构由直线职能型向事业部制转型。事业部制组织架构保留了原本的业务流程,强化了组织管理。在事业部制组织架构下,每个事业部都有相对独立的决策权,可以自行做出决策,提高了组织的灵活性。同时,事业部之间的合作能够提高组织的整体竞争力。

但是,这一组织架构也存在一些问题,如双重领导下,个人职责难以明确；企业规模进一步扩大后，事业部的自主决策提升了管理难度。

3. 矩阵型组织架构

为了解决事业部制组织架构存在的问题，海尔引入了矩阵型组织架构。矩阵型组织架构包括纵、横两套管理系统，纵向的是职能领导系统，横向的是为完成某一任务而搭建的系统。纵、横系统结合，可以加强职能部门之间的配合与协作。矩阵型组织架构有较强的机动性，能够根据环境的变化和组织的特定需要，保持高度的灵活性和敏捷性。

但矩阵型组织架构中的每一个团队往往基于自身产品或服务构建自身能力，导致产品线之间缺乏协调性，从而降低组织的核心竞争力，使产品线的整合和标准化更加困难。

4. 市场链型组织架构

针对矩阵型组织架构的缺陷，海尔对组织架构进行优化，打造了市场链型组织架构。这种组织架构使海尔的组织形态开始向流程型转变，优化了市场资源和企业管理资源的配置，使组织结构更加扁平化，提高了管理的效率和柔性。市场链型组织架构以订单信息流为基础，带动资金流、物流的运行，加快了产品零库存、营运零资本、用户零距离的"三零"目标的实现。

通过组织架构的多次转型，海尔顺应了时代和市场环境的变化，实现了持续发展。未来，海尔将持续根据市场环境与用户需求的变化推动组织架构转型，完善组织设计，以强大的竞争力实现长久发展。

第三章

商业模式创新：打造强竞争力的商业策略

  随着市场不断变化，为了应对竞争，企业需要通过商业模式创新提升竞争力，创造更大的价值。企业需要对当前自身的商业模式进行梳理，找到商业模式的聚焦点，同时通过多种方式对商业模式进行创新，保持商业模式的先进性。

第一节　商业模式拆解

商业模式设计关系到企业的兴衰成败。优秀的商业模式能够与市场需求紧密对接，为企业带来更多收益；能够提高企业管理效率，推动企业高效运转。企业需要对商业模式树立正确的认知，明确商业模式的核心构成要素与设计原则，在正确的道路上推动商业模式创新。

一、树立正确的商业模式认知

商业模式是企业竞争力的重要体现，优秀的商业模式能够使企业建立起竞争优势，使企业实现高效运营。企业需要建立起对商业模式的正确认知。

1. 商业模式不仅是盈利模式

很多人认为商业模式就是盈利模式，实际上盈利模式只是商业模式的一环。虽然盈利模式很重要，但其并不是商业模式的全部。企业不仅要找到盈利的点，还要看到盈利的逻辑。不同的企业可能盈利模式是一致的，而商业模式却不同。

2. 商业模式能够反映利益相关者之间的关系

好的商业模式会把各个利益相关者巧妙地联系在一起，平衡各方的利益。如果对某一方明显不利，那么这种商业模式就不会持续。而这种可能存在不利的情况也为商业模式创新提供了机会。例如，360安全卫士正是基于原有模式的不利点，重新构建了相关利益者之间的关系，成功实现了商业模式变革和企业创新发展。

3. 商业模式给了企业重新审视资产的机会

如今，企业资产已经不能支撑企业构成竞争壁垒了，大部分优秀企业都是轻资产企业。因为固定资产会产生折旧损失，还会占用很多资源，而实际上企业不需要那么多固定资产。因此，在商业模式设计中，企业可以考虑将固定资产重新整合，以实现减负，提高经营效率。优秀企业常会思考如何在没有资源的情况下达到目标，这样设计出来的商业模式远比资本推动的商业模式优秀。

4. 需要与竞争对手的商业模式进行比较

企业需要通过比较来评价商业模式的好坏。如果某家企业先建立了某个成功的商业模式，那么其他企业通过模仿而获得成功的概率是非常小的。除非其他企业能找到特别有区分度的定位，否则很难超越开创这个模式的企业。

5. 商业模式设计需考虑如何将用户纳入其中

移动互联网时代，企业与用户的沟通成本越来越低，这极大地降低了企业获取用户认知的成本。因此，一个好的商业模式需要多考虑与用户互动的问题，让用户有持续性的参与感。

二、商业模式核心构成要素

成功的商业模式需要有一套完善的运作机制，而这一机制的实现离不开核心要素的支撑。具体而言，构成一套完整的商业模式的五大要素如图3.1所示。

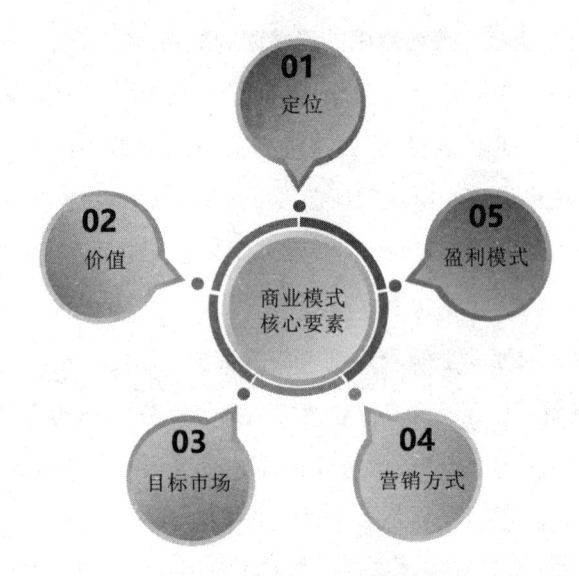

图 3.1　商业模式的五大构成要素

1. 定位

定位可以拆解为商业模式定位、战略定位、业务定位、营销定位、产品定位和客户定位等。企业在明确商业模式定位时,应该从多个维度出发,根据目标客户的需求,重新梳理、构建自己的业务,为目标用户提供精准的产品或服务。

2. 价值

企业价值指的是企业资产在市场上的评价,涵盖有形资产和无形资产。企业价值并非仅指企业账面资产的总价值,它还受到商誉等市场因素的影响,因此实际的市场价值往往高于账面价值。企业价值有多种表现形式,如市场价值、账面价值、评估价值、拍卖价值、清算价值等,每一种形式都有其适用性和合理性。

3. 目标市场

企业应将与其产品相关的消费者视为一个特定的群体,即目标市场。企业需要依据消费者的特征将市场细分,从而把握潜在的市场机会。针对细分市场，企业可以制定相应的营销策略和销售目标。细分市场和制定市场营销策略有助于企业更明确地确定目标市场，并及时满足市场需求。

4. 营销方式

营销方式是指企业在营销过程中所采用的方法。常见的营销方式包括网络营销、搜索引擎营销、整合营销、知识营销、事件营销等。网络营销主要基于互联网平台，利用互联网满足消费者更广泛的需求。搜索引擎营销则是通过分析消费者在搜索引擎上的行为，将营销信息传递给消费者，从而提高推广效果。

整合营销是一种系统化的营销方式，将各种营销工具和手段（如直接营销、广告推广、人员推销等）整合在一起，以实现协同效应。整合营销要求企业从战略角度整合营销体系、产品和客户，以制定更符合企业实际发展情况的整合营销策略。

知识营销则是通过知识传播途径，将有价值的知识（如经营理念、管理思想、企业文化、产品知识、专业研究成果等）传递给潜在用户。

事件营销，即策划、组织和利用具有新闻价值或社会影响力的人物或事件，吸引媒体、社会公众的关注，提高企业或产品的知名度、美誉度，树立良好品牌形象，促成产品或服务的销售。

5. 盈利模式

盈利模式能够体现企业的利润来源和利润创造方式。在盈利模式中，利润分配方式主要包括分成收益、固定收益、剩余收益。盈利模式是企业商业模式的核心，企业应根据自身的实际情况选择合适的盈利模式。

企业可以结合以上五大要素来构建自己的商业模式。但是，商业模式并非一成不变，企业要根据市场的动态变化和技术的不断升级调整自己的商业模式，以更好地适应时代的发展，实现商业价值的最大化。

三、设计原则：资源整合，持续盈利

企业要遵循商业模式的设计原则。一般来说，有两个设计原则是企业需要重点关注的，如图3.2所示。

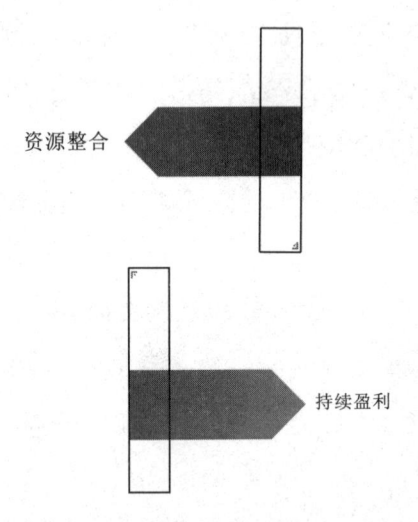

图3.2 商业模式设计的两个重要原则

1. 资源整合

资源整合是企业日常运营和战略调整的关键环节。通过优化资源配置，企业能够实现资源利用的整体最优效果。在未整合之前，企业的各项资源可能处于混乱状态，难以实现合理配置，导致资源浪费和成本增加。

因此，企业需要进行资源整合，将不协调、分散的资源纳入统一体系，发挥资源整合的优势。这需要对不同来源、结构、内容和层次的资源进行选择、识别、汲取、配置、激活和有机融合，使资源更具系统性、柔性、应用性和条理性。

从战略思维角度看，资源整合是基于系统论的思维方式。企业通过内部组织协调，将相互关联却又相互独立的职能和外部合作伙伴整合为资源统一体，共同为用户提供服务，从而实现"1＋1＞2"的效果。

在战术选择上，资源整合是优化资源配置的重要方式。企业应根据市场需求和发展战略进行资源配置，寻求用户需求与资源配置的交汇点，塑造核心竞争力。资源整合必须围绕企业的发展目标进行，将分散的资源进行调度、配置和组合，从而发挥资源的最大效能。

2. 持续盈利

持续盈利是企业商业模式恰当、合理的评判标准之一，是设计商业模式的一个重要原则。持续盈利不仅要求企业实现盈利，还需要具备持续的发展动力。

要想实现持续盈利，首先，企业需要坚持以用户为导向的价值战略。没有正确的价值战略，商业模式往往难以成功。企业可以采用价值定位法和目标客户偏好分析法制定价值战略。

其次，在制定好价值战略后，企业需要设计和构建能够体现价值战略的企业文化。持续创造价值的企业通常通过建设企业文化来贯彻战略。例如，建设以绩效为导向的企业文化，推动员工积极进行价值创造和业绩提升。

第二节 创新路径：多角度驱动创新

商业模式创新是推动企业管理升级和持续发展的重要力量。企业需要把握商业模式创新的路径，从多角度出发推动商业模式的创新。

一、以新组合打造新模式，迎合市场需求

以组合创新的方式打造新的商业模式是一种创新商业模式的有效手段。企业可以通过不断组合创新适应市场的变化，实现长久盈利。在践行这种方法时，企业需要遵循以下步骤：

1. 找到问题

企业想要进行商业模式的创新必然是看到了问题或意识到了潜在的问题。例如，某工厂原料成本高，经确认，原来是工厂原料供应商少导致的。

2. 确定目标

找到问题之后就要明确创新的目标是什么。原料供应商少，那么企业可以寻找更多的供应商，降低原料成本，防止一家独大。

3. 选择拆解框架

拆解步骤是组合创新的关键点。组合创新有两种拆解方法：一种是目标导向型，先确定目标再拆解重组，主要解决富有挑战性的问题；另一种是新机会探索型，是先拆解要素再进行组合，主要用于创新性问题。

新机会探索型拆解框架首先要确定行业边界，定义边界之后，企业能够将商业模式拆解为供给、连接与需求端三个部分。需求端也是用户端，用户会在功能场景和情感方面对产品产生偏好。供给端是生产端，是制造产品的一端，以产品的价值链与特性为拆解依据。而连接端则为需求端与供给端建立了联系，它的途径有很多，涉及线上、线下，如物流、资金流、信息流和用户途径等。

4. 重新组合

重新组合是商业模式创新的关键点，对内能够梳理企业业务的核心能力，对外能够避开对手锋芒，错位竞争。企业通常会引入 PEST 模型和波特五力模型对十倍速变化要素加以识别，将拆解后的关键要素进行重新组合，

形成新的商业模式。

PEST模型是指对宏观环境的分析，根据行业和企业自身情况的不同，PEST分析模型的因素也各有不同，但总体上都会对政治、经济、社会和技术因素进行分析。而波特五力模型是对行业内决定竞争规模和程度的因素进行分析。"五力"是指竞争者的竞争能力、潜在竞争者的进入能力、替代品的替代能力、供应商的讨价还价能力和购买者的议价能力。

想要对商业模式进行拆分重组的企业往往会从需求端入手，发现潜在的问题，从而进行后续一系列的工作。

以白酒行业新秀江小白为例进行说明。长久以来，在白酒市场中，茅台是当之无愧的行业巨头，洋河、五粮液、泸州老窖等紧随其后，二锅头和衡水老白干等老品牌也一同割据了中心市场。

江小白成立时，正值白酒市场高壁垒的红海期。为了在市场上争夺一席之地，江小白决定打破原有商业模式，将其重组，破局白酒红海。因此，江小白利用新机会探索型拆解框架将自身的商业模式拆解为需求端、连接端和供给端。

1. 需求端

依据用户的年龄，江小白将市场需求端的用户划分为比"80后"大的群体，以及"80后""90后""00后"三大类。而根据用户的诉求、功能场景与情感需求的不同，白酒被划分为高、中、低端三个档次。不同年龄段的用户依据场景、功能需求的不同会选择不同档次的白酒。例如，比"80后"大的用户送礼往往会选择高端白酒；"90后"私下小聚时，通常选择量大味儿烈的中、低端白酒。

江小白还发现，市场上的主流白酒品牌，如茅台，一直主张白酒的经典口味。传统白酒味道醇厚浓烈，度数普遍较高，而且往往是大于500毫升的标准瓶，配以高档的外饰包装。这些特征都是为了迎合比"80后"大的用户，因为比"80后"大的用户将其作为一种酒文化和身份的象征，往往用来送礼或收藏。

而"80后""90后"用户对传统白酒的象征意义并不买单。于是江小白决定开拓年轻人白酒市场蓝海,通过商业模式的创新重组打造一个青春的白酒品牌,为"80后""90后"中端人群定制白酒。此后,价格便宜又包装精美的小规格白酒成为很多宴席、聚会的首选酒品。

2. 连接端

江小白在连接端也进行了拆分重组。为了让更多人了解自己的品牌,江小白在营销环节投入了大量精力。其采用文案 UGC(user generated content,用户生成内容)策略,借助微信朋友圈,实现用户的快速裂变,让越来越多的年轻人对江小白建立了清晰认知。

并且,江小白还打造了线上白酒社区。用户购买江小白的产品后,可以在社区中分享品鉴经验,寻找志同道合的酒友。用户还可以在社区中为江小白提出建议,这极大增强了用户黏性。而在线下,江小白的创意瓶身和小众文案迅速流行出圈,吸引了很多年轻人的目光。

江小白的成功出圈并不仅仅由于其商业模式的创新与重组,而是将单一要素最大化。例如,聚焦"80后""90后"中端用户私人聚会时的情感需求,坚持线上的用户口碑裂变传播,从而实现破局。

在企业内部,江小白通过招募熟悉亚文化的新媒体运营人员,持续产出吸引年轻人的文案;同时,有白酒行业老员工镇守后方,稳定产品质量。在企业外部,江小白通过一系列的创新举措,与主流品牌形成错位竞争,深耕年轻人中端市场,慧眼独具,大胆创新,因此能够获得成功。

3. 供给端

年轻人喜欢白酒柔和清香的口感,偏爱方便自饮的小规格包装,饮酒的场景又大多为朋友聚会而非正式场合。因此,江小白将白酒定义为一款年轻人的情绪型饮料,对其进行了新口味、新文化、新场景的产品升级。江小白的白酒大多为低度酒,口感也是年轻人喜爱的清香型,同时采用小包装规格瓶装，瓶身上还有年轻人感兴趣的各种流行图画与文案。

二、聚焦边缘市场进行创新，形成独特性

当前，很多主流市场逐渐趋于饱和，拓展新市场与创新商业模式成为众多企业实现进一步发展的关键。如果企业难以在红海市场中占据竞争优势，那么不妨转变思维，瞄准小众蓝海市场进行发展，沉淀核心用户。当企业在小众蓝海市场中实现稳定发展后，就有可能成长为小众蓝海市场中的主流企业。

不少企业的成长史都是这样的：在主流红海市场之外开拓新兴产品，形成自己独特的产业价值链，由小众发迹，破圈于主流之外。这种创新模式被称为边缘创新，如今很多大众耳熟能详的企业都是采取了这种策略才获得成功的，如星巴克、B站等。

对于发展成熟的大企业来说，边缘市场利润低、风险高。但是对于创业型小企业而言，边缘市场有着巨大的可开拓价值。创业型企业在发展初期各方面都存在欠缺，而欠缺正是它前进的动力。

边缘创新是从边缘价值网切入的竞争策略，创新源于混乱的边缘，边界模糊的市场本身也在快速变化，变化意味着机遇。成功的创业企业正是因为抓住了机遇，才逐渐发展壮大，有能力与大型企业抗衡。

以知名咖啡连锁品牌星巴克为例。1984年，星巴克首次将新品拿铁引入美国，拿铁当时就是一个边缘市场的创新产品。在此之前，美国从未有人想过浓缩咖啡中可以加入牛奶。这次的边缘创新大获成功之后，星巴克在1994年推出了传统咖啡与饮料的结合——星冰乐，这款非主流产品同样广受好评。

在边缘市场的创新让星巴克迅速占领了咖啡市场的蓝海，为了积累自

己的核心用户群，星巴克从20世纪70年代就开始给用户邮寄咖啡豆。而这些用户通常是相对富裕、对休闲艺术等小众生活方式感兴趣的人群，他们认为星巴克的咖啡质量丝毫不逊色于主流市场的大品牌。因此，在星巴克中后期实施区域拓展破圈策略时，这批种子用户成了最有力的口碑宣传者，为星巴克成为咖啡主流市场大品牌奠定了基础。

星巴克之所以能够获得成功，从边缘市场逐步走入大众视野，是因为采取了边缘创新策略，并且在创新的同时严格把控产品质量。星巴克的边缘产品拿铁和星冰乐并不能简单地归于咖啡市场，以动态发展的眼光来看，星巴克的拿铁既属于咖啡市场又属于牛奶饮品市场，而星冰乐则可以归入咖啡市场、果汁市场、茶饮市场等多个市场。这种边界模糊的市场本身就利于产品的创新发展。

而在通信、物流并不发达的年代，星巴克就注重与用户建立深度连接，通过邮寄咖啡豆，在早期就沉淀了一大批热爱星巴克的核心用户。当非主流产品的用户足够多时，那么非主流产品也就成了主流。

直至今天，占据了咖啡主流市场的星巴克依然坚持在咖啡行业的边缘市场进行产品创新，咖啡奶茶、无咖啡因咖啡、烤巴旦木牛乳拿铁、红富士拿铁等新品受到了用户的赞誉。

像星巴克这样的企业还有很多，例如，以弹幕网站起家的二次元巨头B站深耕利基市场，坚持以二次元爱好者为核心用户群体。这样既避免了与背景深厚、资源充足的竞争对手正面对抗，又能够将自身的影响力在二次元市场进一步扩大。通过与ACG用户建立深度连接，B站最终实现了边缘市场的破圈。

三、平台化创新：借助外力＋打造自有平台

加速企业的平台化发展是企业商业模式创新的重要手段。企业可以从

第三章 商业模式创新：打造强竞争力的商业策略

两个方面入手进行商业模式的平台化创新。

1. 借助外力打造数字化平台

企业可以与其他拥有技术优势的企业合作，共建数字化平台，实现商业模式创新。例如，家居企业居然之家借助互联网平台提升产品销量。居然之家与阿里巴巴合作，共同推出一个全新的平台——"躺平设计家"。居然之家利用线上平台的大数据算法，向用户精准推荐，让用户可以在线上挑选家居产品，为线下店铺引流。居然之家还聚焦自身服务与质量，做到线上线下共同发展，成功通过改造商业模式促进企业发展，增加产品销量。

使用这种方法创新商业模式的企业应该将注意力放在自身价值链最核心的环节，通过互联网平台成功实现企业商业模式变革。

2. 打造自有平台，实现平台化创新

实力雄厚、资源丰富的企业可以挖掘自身的资源和能力并对其进行整合，并根据自身特色自建平台，打造自有平台的"护城河"。这个平台可以是企业利用信息技术在互联网上搭建的平台，也可以是企业整合上下游时帮助自己获取更多资源的虚拟平台。

例如，平安集团依托自己"专业、自主、稳定、安全"的优势建设了一个金融云平台"平安云"。平安集团是一家综合性金融服务企业，一直将"建成国际领先的个人金融生活服务提供商"作为自己的发展方向，坚持开源和自研相结合的发展路线。因此，平安集团在改造商业模式时选择了自建平台这一方案。

"平安云"这一"护城河"主要是通过海量数据与新型基础架构模型相结合的方式被创造出来的。它是平安集团技术领域的创新，提高了平安集团的业务效率，为平安集团数据的安全提供了保证。

除此之外，小米也一直致力于建立平台"护城河"。小米的平台"护城河"与平安集团的不同，它是一个虚拟的平台。小米将注意力放在供应商资源上,不再让提供产品各类零部件的上游厂家决定零部件的生产周期,而是通过投资的方式持有厂家的股份,牢牢把握关键资源,为自己建立了一个广阔的供应链平台,掌握发展主动权,实现双方共赢。

企业在自建平台时,最重要的就是了解自己的核心能力并整合上下游资源,打造企业专属平台。

平台化商业模式能够以数字化平台连接海量用户、供应商、上下游合作企业等,实现多方共赢。企业也能够通过平台化运作强化竞争优势、提高盈利能力。

四、思考更多收入机会,提升商业模式价值

在商业模式创新的过程中,企业需要思考更多的收入机会,通过商业模式创新实现收入的多频化与多元化,提升商业模式的价值。

1. 收入多频化

收入多频化的核心是增强用户黏性,即让用户购买产品成为企业与用户建立关系的开始。在与用户建立了关系后,企业要构建粉丝群,围绕粉丝群升级产品、开发新产品和服务。

用户购买产品不是为了获得产品本身,而是为了满足自己的需求、解决自己的问题。从这个角度出发,企业可以采取多种能够实现收入多频化的方式。

(1)会员制。很多电商平台往往都会利用会员制来提升用户黏性和复购率。会员制的核心是企业和会员建立的双边关系,企业给会员提供更好的服务,会员反馈给企业更忠诚的消费行为。

(2)"产品+耗材"模式。19世纪末,剃须刀护理品牌吉列开创了"产品+耗材"的模式。这个模式的精髓在于通过廉价剃须刀获取用户,销售高毛利

的刀片持续盈利。

（3）产品＋配件。虽然"产品＋配件"的模式和"产品＋耗材"的模式有一定的相似之处，但配件模式更有难度。耗材模式是先用产品锁定用户，让用户必须购买。而配件模式是通过个性化的可选方案，满足更多用户的需求。一般消费频率高的产品，大多选择耗材模式；而消费频率较低的产品，大多选择配件模式。

（4）产品＋服务。服务可以分为两种：一是设备服务，如检修、保养等；二是数字化时代的信息服务，如监测、控制、自动化等。企业要想走出红海竞争，必须转变思维方式，从产品模式转化为"产品＋服务"的混合模式。

2. 收入多元化

收入多元化可以通过以下方式实现：

（1）"混搭"模式。"混搭"是指将不同行业的产品根据用户的使用场景融合在一起，从而提升销量。这种模式的关键在于跳出固有的行业观念和惯性思维，真正以用户为中心思考问题，只有这样，才能解锁"混搭"的各种可能性。

（2）引入第三方。对于企业而言，用户流量也是有价值的。如果企业想要增加收入，就需要引入愿意为企业的用户流量付费的第三方。第三方的引入会改变企业的盈利结构，企业的收入不再只来源于用户，成本也不再只由自己负担，而是既有来自用户的订单，也有来自第三方的订单，也分摊了一部分成本给第三方。

（3）双层架构。双层架构与"产品＋配件""产品＋服务"的模式相似，但双层架构引入了平台的概念。简单来说，就是建立基础平台和上层平台，通过精准的商品定位吸引用户从基础平台进入上层平台。

设置双层架构，企业要牺牲基础平台的一定利润，以吸引更多用户，为上层平台奠定盈利的基础。另外，企业要清楚基础平台和上层架构的关键点所在。基础平台的关键点在于以价格取胜,能免费就免费,尽量选择高频的产品和服务;上层平台必须有与基础平台存在强关联的应用场景,否则用户很难转化,上层平台的产品也要保持高性价比,不能一味地追求利润。

在市场环境变幻莫测的当下,企业实行多元化经营战略可以有效分散经营风险。企业可以通过进入其他行业、生产多种类型的产品、提供多样化的服务等方式来转变经营模式,发挥协同效应。多元化的发展能够让企业获得管理、广告和销售等方面的协同效应,使企业员工、设备和资源的生产效率得到有效提高。

在发展过程中,由于科技水平提高、管理方法改进、发展方向改变等因素,企业内部会产生富余资源,包括设施设备等有形资源、信誉商誉等无形资源和劳动力等人力资源。这些富余资源若未得到充分利用,就会造成企业大量人力和财力的浪费,增加企业负担。而多元化经营模式则可以有效利用这些富余资源,创造出更多效益。

五、携程:商业模式持续创新

携程是我国旅游领域的知名企业,致力于为用户提供一站式的差旅预订服务。从创立至今,携程实现了持续发展,竞争力不断提升。

携程能够实现持续发展的原因主要有两个:一是旅游业在过去、现在,乃至未来,都是服务业中很重要的一部分,因此携程的"天花板"足够高,有充足的成长空间;二是携程采取组合创新的策略,持续进行商业模式创新,为自己注入新的活力,在市场竞争中始终保持领先地位。

1. 携程的第一次组合创新

旅游业是一个综合性服务行业,在成立初期,携程需要细化切入角度,拆解其中的关键要素。公认的旅游要素有吃、住、行、游、购、娱,但是单从这些要素切入依旧不够。依据旅游业的特点,交易和支付错位并非同时发生,携程找到了其中的关键要素。在携程创立之时,国内互联网行业正处于起步阶段,大多数人选择线下交易而非在线交易。

携程将要素拆解完毕后,便着手将要素重组。它重组的逻辑非常清晰:面向用户,为用户提供高频、刚需的服务。而在旅游六要素中,住和行是刚需。因为用户可以自带方便食品、自由选择是否额外消费去游玩景点、是否购买商品和观看娱乐节目等,但在外旅游,就要住酒店和乘坐交通工具。而作为平台型企业,携程自然希望自己连接的两端越分散越好,因此携程选择"住"作为自己的关键市场。

当时的酒店大多是单体而非连锁形式,这有利于携程为住宿场所和用户建立有效连接。携程颠覆了当时被动的连接模式,主动为用户提供住宿选择,为酒店带来稳定的客源。为了更好地破局,携程选择了一种朴实但很有效的一种宣传方法——发小卡片。在当时互联网没有普及的情况下,这种方式非常有效。

携程完成第一次商业模式组合创新之后,第一个增长飞轮随之出现。宣传越多,酒店的潜在用户就越多,酒店的生意就越好,而其他没有与携程建立连接的酒店会慕名与携程签约。与携程签约的酒店越多,用户的选择越多,满意度就越高,选择与携程签约的酒店的人也会越多。这就形成了效益的正向循环。

2. 携程的第二次组合创新

携程的第一次商业模式组合创新创造了我国互联网行业,特别是旅游行业的奇迹。但随后,我国首家旅游搜索引擎公司成立,由于其股东实力强大,因此这家公司的资源丰富,享受到互联网的流量红利,业绩斐然。

相较于携程坚持组合创新模式,拆解供应端、需求端和连接端的关键要素并重组,这家公司选择顺应互联网时代发展的商业模式,将需求端市场定位于年轻人群体。年轻人更热衷于使用互联网搜索引擎寻找价格低廉的宾馆。同时,这家公司深耕于中、低端宾馆市场。

携程将旗下业务迁移到无线移动端。携程倚仗自身的雄厚实力给予用户大量补贴,从旅游行业代理商向平台转化。基于新的组合创新,携程出现了第二个增长飞轮。移动端的补贴越多,携程移动端下载量越多,占据的市场份额就越多。同时,获得补贴的价格敏感人群会更加青睐于携程上的中、高端酒店,而签约酒店的收入会随着交叉购买的各档次产品和服务的增加而增多,由此又会出现效益增长飞轮。

3. 携程的第三次组合创新

2011年,美团横空出世,连续两个季度的签约酒店业绩惊人。面对体量庞大的美团,携程再次拆解要素,以海外市场和下沉市场为发力点,提升产品聚合性。在需求端,携程进行了大量广告宣传;在供给端,携程收购多家细分企业,再次打造效益增长飞轮。

通过利用组合创新商业模式,携程不仅成功拆解了市场要素,还重新做了组合,并且让组合后的要素以尽可能低的成本发力,而这也是携程能够持续发展的秘密。

第四章

技术赋能：打造企业转型的技术力量

  当前，大数据、人工智能等数字技术的应用程度不断加深，数字化、智能化成为发展趋势。在这一形势下，越来越多的企业开始应用数字技术推进自身的数字化转型，以实现更高效的数字化管理与数字化运作。

第一节 数字化发展成为企业发展新方向

数字技术提高了数字经济发展水平,扩大了数字经济的规模。数字经济在国民经济中的比重不断提高,重塑产业生态,深刻影响企业的发展。在这种形势下,企业数字化转型成为必然趋势。

一、数字时代展现新趋势

数字经济快速发展,为经济增长提供了重要推动力。同时,数字经济为企业的发展指引了方向。在数字经济浪潮下,企业迎来诸多发展机遇。

数字经济快速发展可以推动企业发挥创新主体和市场主体的作用,推动新型数字基础设施建设。企业可以通过搭建智能化管理平台进行数字化转型,变革传统的产品生产线,降低用人成本,提高生产效率。此外,技术还能为企业提供可视化的碳排放数据,完善环境信息披露等数据共享平台,助力企业节能减排,实现绿色转型。

数字经济快速发展还可以使企业重视研发核心技术,加大资金投入,进一步提高企业的研发能力。企业在芯片、人工智能等领域的研发有助于填补行业中某些关键领域的空白,提高国际竞争力,还有助于企业加强对核心技术的攻关,掌握发展主动权。

另外,数字贸易作为数字经济发展的有力推手,也给企业的发展带来了新机遇。它是一种新型贸易模式,涉及跨境物流、支付、海关等环节,还囊括了数字内容服务、数字技术服务、其他可数字交付的服务等多种服务形式。在数字经济时代,企业可以顺应数字贸易发展浪潮,开展跨境电商业务,不断扩大消费市场和用户群体,从产品端、服务端、合作端入手推动全球价值链重塑。

数字贸易在提升贸易效率、优化贸易流程、降低贸易成本、催生新兴产业等方面发挥着越来越重要的作用。在数字贸易深入发展的过程中,价值链各端的企业通过数字技术整合跨境资源,为全球关联企业产品设计、生产加工、经贸合作、营销服务等提供多元化支持,驱动全球价值链重塑。

数字经济、数字贸易蓬勃发展,企业迎来跨境交易的红利期。多维、立体的多边经贸合作模式极大地拓宽了企业进入国际市场的路径。想要开展数字贸易的企业,可以和数据服务商合作,这样既能获得跨境贸易所需的资源和渠道,也能获得数据服务商提供的营销服务。

数字经济给企业带来了良好的发展机遇,也使企业面临更大的挑战。企业既要提升自己的管理能力、完善管理制度,还要提升资源配置效率,利用技术进行全方位改造,促进生产系统化、智能化,加快变革,实现高质量发展。

二、数字化发展下的三大变化

随着数字经济的发展与数字技术在各行业的广泛应用,各行业的数字化发展成为趋势。这驱动产业结构发生改变。企业需要把握数字化发展引发的变化,以及时调整经营策略,获得更好的发展。具体而言,数字化发展下的变化主要体现在三个方面,如图4.1所示。

```
    01  业务流程的变化

生产要素的变化   02

    03  能够处理生产要素的人的变化
```

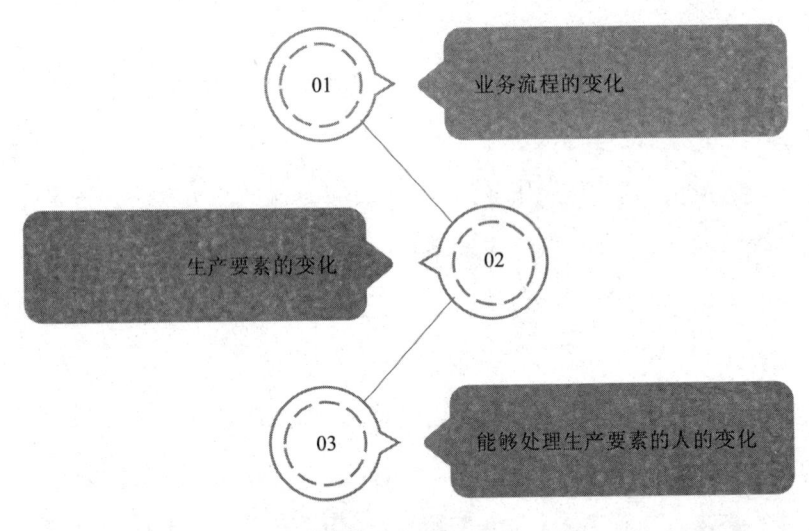

图4.1 数字化发展下的三个变化

1. 业务流程的变化

互联网的发展导致一些业务必须"推倒重做",即将线下的业务在线上重构,这实际上是业务流程的变化。业务流程的变化往往是深入、彻底的,将线下的业务迁移到线上,通过数字化手段对传统业务流程进行改造,以提高业务运转效率,降低成本,带来更多效益。

2. 生产要素的变化

随着数字化程度的加深,企业积累的数据会越来越多,数据也就成为企业数字化转型的关键生产要素。很多管理者虽然知道数据的重要性,但不知如何将数据变为生产要素、如何充分挖掘数据的价值。

例如,某企业的App有5万用户,其中60%是男性,40%是女性。这是普通的统计数据,很难给企业带来价值,也很难变成企业的生产要素。但如果这些数据精细到个人,例如,这个用户叫什么、多大年龄、做什么工作、喜欢浏览哪些网站、近期购买了什么商品等,那么这些数据就能成为企业的生产要素,为企业创造价值。

另外,随着数据的价值被广泛认可,数据确权的问题也进入大众视野。随着数字化在各行各业广泛落地,数据运行模式更加规范化。

企业需要重视数据所有权问题,明确哪些数据需要精细到个体维度,并借助数字化手段促使数据成为生产要素。

3. 能够处理生产要素的人的变化

生产要素必须和人相结合才能成为生产力。企业生产要素的变革促进了人的变革,企业要利用数字化人才来处理新的生产要素,从而尽快完成数字化转型。数字化人才应该具备以下能力:

(1)数字化愿景能力:以用户为中心的思维能力。
(2)数字创造能力:基于数字技术的业务创新能力。
(3)融合领导能力:基于共生团队的管理与组织能力。
(4)数字化人才建设能力:基于共创的组织进化能力。

总而言之,数字时代已经到来。企业若想在数字时代勇立潮头,走在时代前列,就必须主动调整经营策略,适应数字化带来的新变化。

三、华为:新时代的转型之路

为了迎合数字时代发展趋势,越来越多的企业进行数字化转型探索,尤其是大型企业。华为积极进行数字化转型,实现了竞争力的大幅提升。

华为的数字化转型规划团队在研究和解读企业的业务战略时,提取出企业业务发展战略的关键词:超大规模、多业务形态、全球化。这意味着,华为的数字化转型愿景应包括进行业务重构、支撑业务增长、提升业务效率、简化交易步骤、拓展生态伙伴等要点。

根据业务战略对数字化转型的诉求、数字化在华为的发展前景、转型为业务带来的变化等方面的分析，华为基于数字化平台和大数据技术的支持，致力于做到更懂用户、实时连接、协同化"作战"、精准指挥、交易自动化和智能预警。

针对数字化时代的用户，华为提出了ROADS体验模型来提升用户体验，提高运营效率。ROADS指的是实时（real-time）、按需（on-demand）、全在线（all-online）、服务自助（diy）和社交化（social）。例如，对于某一类用户，ROADS体验模型能够做到及时响应用户的需求，为其提供个性化和差异化的解决方案，引导用户自主下单。

通过构建数字化运营平台，华为建立了统一的数据底座，可以支撑各项业务在授权下便捷、安全地获取数据，提高业务运营效率。依靠数字化运营平台，华为内部可以实现数据同源、实时可视，能够减少业务汇报和管理层级，还可以自动完成重复的确定性业务，提高运营效率。并且，华为还将人工智能、大数据引入数字化运营平台，不仅能够实现风险识别、智能预测和智能决策，还能拓展新的业务模式。

数字化转型是一场"长跑"。正如华为的一名管理者所说，华为将数字化转型看作一场马拉松，不会以百米赛跑的速度对待它。

华为很早就启动了IT strategy & Planning项目，正式进行大变革。后来，华为又对财务体系进行数字化转型，且每年都会将一笔收入投入数字化转型，一直坚持至今。基于多年的数字化转型实践，华为逐渐发展成为世界知名的通信设备企业。

企业管理者要明白，数字化转型的根本不在于"数字化"，而在于"转型"。许多数字化转型失败的企业往往归因于技术和业务不匹配，实际上，数字化转型不仅需要企业使用更多智能化的生产设备，调整业务架构和业务流程，还需要企业在思维上进行转型，拥抱数字技术和数字化发展趋势。

第四章 技术赋能：打造企业转型的技术力量

第二节 数字技术为企业转型提供支持

在数字化转型过程中，企业需要将传统业务与数字技术相结合，借助数字技术改进业务流程，提升运行效率和创新能力。企业需要重视大数据、人工智能、云计算等数字技术的作用，积极引入这些技术，并推动业务与这些技术的融合。

一、大数据：商业价值明显，助力精准运营

当前，数据成为重要的生产要素。大数据能够为企业收集数据、挖掘数据价值提供帮助。借助大数据，企业能够精准分析海量用户数据、运营数据等，进而做出科学决策，推动业务进一步发展。对于企业而言，大数据的商业价值主要体现在四个方面，如图4.2所示。

- 个性化推荐和精准营销
- 精准划分用户群体
- 加强部门间的联系
- 模拟真实环境

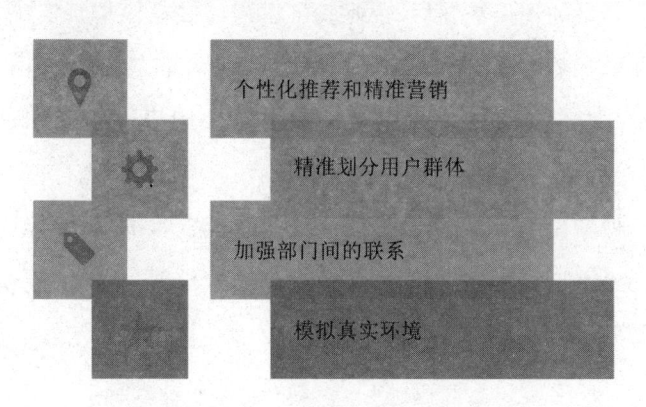

图 4.2 大数据的商业价值

1. 个性化推荐和精准营销

智能算法可以基于对大量用户数据的分析为用户提供个性化推荐，如

淘宝的商品推荐、应用商店的软件推荐、网易云音乐的歌曲推荐等。如果企业足够了解用户，就可以通过大数据平台进行商业化延伸，实现从用户分析洞察、精准营销策划、营销方案执行到营销效果评估的精准营销闭环管理。这样既可以有效节约营销成本，还可以提升营销的精准性，优化投入产出比。

2. 精准划分用户群体

大量的用户数据可以极大地降低用户数据的分析成本，使企业可以根据用户的消费习惯、消费水平等对用户群体进行划分，用不同的服务方式服务不同的群体。企业还可以对不同用户进行更深层次的分析，从而增强用户黏性，降低用户流失率。

3. 加强部门间的联系

即使是为同一个用户提供服务，研发、生产、宣传、售后等部门需要的数据也有所不同。提高数据利用效率及数据挖掘深度可以增强各部门之间的联系，实现数据共享，进而提高整个产业链的运作效率。

4. 模拟真实环境

收集了海量的用户数据后，企业就可以通过数据模拟真实环境，从而满足用户更深层次的需求。例如，"天津地铁"App通过实景模拟的方式预测站内客流量，为用户提供车站客流热力地图，使用户可以更好地制订出行计划。

作为一种新型生产要素，数据已经成为企业宝贵的资产，能助力企业创新，提升产品价值。只有充分了解大数据的商业价值，企业才能精准把握时代脉搏，更好地实现数字化转型。

二、人工智能：解放生产力，提高经营效率

许多企业都希望通过数字化转型提升经营效率，进而提升竞争力。在

这方面，人工智能能够为企业提供助力。人工智能能够在企业运营的多个环节取代人工，或者协助人工处理重复、烦琐的工作，解放生产力，提高企业经营效率。人工智能对企业的赋能主要体现在以下几个方面：

1. 加强数据处理

人工智能可以帮助企业高效处理数据。人工智能具有深度学习能力，可以快速学习和调整，帮助企业快速挖掘数据中包含的特定信息，从而及时调整业务决策。人工智能领域的机器学习技术可以根据企业历史数据预测未来趋势；自然语言处理技术可以理解和处理文本数据，提取其中的关键信息。这些都能为企业做出科学决策提供助力。

2. 实现智能生产

人工智能与企业生产业务的结合能够实现智能生产。在产品设计环节，人工智能可以帮助企业分析市场数据与用户需求，为产品设计提供科学的建议。在生产过程中，智能生产设备能够实现自动化生产，大幅提高生产效率。人工智能还能通过对生产数据的预测和分析，对生产过程进行智能管理，提高生产质量，实现科学生产。

3. 提高物流效率

随着电商业务的发展，企业的物流效率亟待提高。在这方面，人工智能与物流业务的结合可以提高物流自动化程度，提升物流效率。当前，亚马逊、阿里巴巴、京东、顺丰等巨头都采用分拣机器人、AGV（automated guided vehicle，自动导向车）、无人机、配送机器人等人工智能设备进行分拣、入库、配送等工作，不仅能够实现无接触配送，还提高了物流效率。

4. 提升用户体验

企业可以借助人工智能技术，打造智能设备或智能系统，更好地服务用户，提升用户体验。例如，企业可以基于人工智能打造智能在线客服，以及时处理用户提出的问题。智能在线客服能够随时为用户答疑解惑,为用户提供咨询服务,在提升用户满意度的同时也降低了企业的客服成本。

企业还可以打造基于人工智能的智能推荐系统,根据用户的消费习惯、消费偏好等进行个性化商品推荐,提升用户的购物体验。

三、云计算:商业应用优势明显,赋能业务

云计算将网络与计算资源相结合,以快速、高效的计算模式为企业提供灵活、便捷的服务。在云计算的支持下,企业无须搭建数据中心并进行数据维护,只需支付一定的服务费用即能使用云计算服务,这大幅提升了企业业务的灵活性。

云计算的商业应用优势明显,可以从多方面赋能业务,如图4.3所示。

图4.3 云计算的商业应用优势

1. 成本效益

不用支付闲置资源费用,极大节约成本的"现收现付"模式是云计算的一大优势。企业可以按照需求拓展或缩减业务,不用支付巨额的服务器维护费用。"现收现付"意味着企业只需要为正在使用的资源和服务付费。

2. 可扩展性

云计算的可扩展性指的是可以根据企业的实际需求动态地增加或者减

少计算资源,以满足企业不断变化的需求。例如,12306网站在平日里的流量相对较少,而在节假日前的购票高峰期流量较大,云计算能够确保12306网站不会因为大量流量涌入而崩溃或者运行速度变慢。基于云计算的可扩展性,企业系统的数据处理能力、数据存储能力都可以动态地扩大或者变小,不会导致大量计算资源浪费或者系统崩溃。

3. 安全性

企业将重要数据迁移到云平台,云计算服务商可以为其提供全天候监控数据、保护数据安全等服务。尽管内部系统管理员更让企业放心,但他们不能做到全天候监控数据,而云计算服务商能更有效地保证企业的数据安全。

4. 灾难恢复

灾难恢复是指出现自然或人为灾害后,企业重新启用信息系统的数据、硬件及软件设备,恢复正常商业运作的过程。企业可以通过备份恢复数据,但与采用云计算相比,企业需要付出更多的时间和费用,而云计算可以尽可能地减少系统的停机时间并提高效率。

5. 移动性

当前,云办公、远程办公等工作方式越来越普遍。利用云计算,员工可以随时随地访问企业数据、在任何能够联网的设备上工作。而且系统会自动更新,即使员工不在办公室,也可以访问更新后的系统。

第三节 聚集技术能力,打造智慧化中台

对企业而言,借助数字技术实现各种发展要素的数字化连接十分重要。

企业既要建立内部员工间与设备间的连接,也要与用户建立连接。基于此,企业应打造智慧化的中台,实现多维度的连接,进而实现高效的数字化运作。

一、中台的三大类型

中台有三大类型,即数据中台、技术中台、业务中台,它们各自发挥不同的作用。企业需要了解不同中台的作用与建设方法,搭建合适的中台。

1. 数据中台

数据中台通常会从后台以及业务中台获取需求数据,在将这些数据进行整合、分析、计算、存储后,构建可复用的数据能力中心,为前台提供便于使用的数据资产。数据中台建设需要经过四个步骤:

(1)企业需要进行数据资源规划。对数据资源的合理规划是建设中台的前提条件之一,完善、精准的数据资源是建设中台的有力保障。企业应对现有数据资源进行统计,并根据统计结果明确可以掌握或应该掌握的数据资源,构建资源规划体系,并保证规划的科学性和合理性。

(2)企业需要进行数据应用规划。企业应基于自身的技术条件和战略方案,进行系统的数据应用规划。一方面,企业应从业务线、业务层级、业务岗位等方面入手梳理数据需求;另一方面,企业应分析并总结需要构建的数据应用。此外,企业还需建立数据应用评估模型,通过评估结果确定数据应用的落地路径。

(3)企业需要进行数据资产建设。数据资产建设是数据化建设的关键环节,是数据化建设前期庞大且复杂的基础层模块。数据资产建设主要包括技术建设、数据仓库模型建设、数据抽取和开发、任务监控与运维、数据质量校验、数据应用支撑等。

(4)企业需要进行数据组织规划。中台的建设需要具备一定战略高度的数据组织来推进。IT部门、战略部门等都可以被培养成数据组织,企业需要将组织作为数据中台落地的关键,将组织作为中台建设的重要抓手。

企业在建设数据中台的过程中应对各个环节逐一突破,从而形成稳定的数据中台结构,发挥中台的管控作用,推动数字化转型。

2. 技术中台

技术中台是通过资源整合将企业自有能力进行沉淀,为前台提供技术、数据等资源支持的平台。它由平台化的架构演化而来,微服务开发框架、容器云、PaaS(platform as a service,平台即服务)平台等都是技术中台的具体形式,它们都在最大限度上将复杂的技术细节涵盖在中台内部,为前台和其他中台提供便捷的基础技术。

技术中台的建设标准是在一个负责提供容器或虚拟机的私有云上,建立一个符合数据中台或者业务中台需要的技术相关组件。从严格意义上来说,技术中台既是建设工具,也是组件,能够为业务中台和前台提供完善基础设施的能力,大幅缩短了系统的建设周期。如果说数据中台和业务中台是中台的"炮火",那么技术中台就是搭建"炮火发射地"的工具。

技术中台为数据中台和业务中台提供了更加稳定、可靠的基础设施保障,让"炮火发射地"更加稳固、可靠。例如,业务中台的业务服务中心需要完善的关系型数据库,而关系型数据库需要具备自动切换、一主一备、只读库创建、读写分离等功能。为了完善对数据的访问,业务中台需要通过技术中台建立分布式数据库,以对数据进行分表分库操作。

此外,技术中台的分布式缓存组件也是提高访问效率的必备组件。分布式缓存结合消息队列能够实现大流量削峰填谷和异步解耦,极大地提升了前台响应用户需求的能力以及前端访问的性能。

技术中台具备为数据中台和业务中台搭建和完善基础设施的能力,技术中台是数据中台和业务中台平稳运行的重要保障。

3. 业务中台

业务中台将业务管理系统汇聚起来,形成一体化的业务处理平台。它将后台的业务资源进行整合,提升了前台的业务处理能力。业务中台将各项业务的底层逻辑与实际应用分离,有效降低了各部门的沟通成本,提升了各项业务的运作效率以及员工之间、部门之间的协作效率。

业务中台有三层结构,分别是基石层、夹心层和BP(business partner,业务伙伴)层。基石层是联动后台的界面,加强中台对后台规则和资源的感知,主要负责将后台提供的规则和资源初步模型化、框架化。基石层需要负责向后台反馈,以引导从后台到中台、再从中台到前台的整体职能建设思路的调整。

夹心层是知识的应用层,提升了知识的弹性。夹心层主要为基石层提供知识,并依托应用场景的分类和采集,制定方向性的解决方案。同时,夹心层也需要基于前后台反馈来提供修正整体职能方向的解决方案。

BP层是前台的业务伙伴,它能明确感知市场温度。当BP层进入前台团队,并与前台团队协同作战时,它能够在感知市场温度的情况下,为系统定制交付解决方案。BP层也负责向企业内部传递其对市场的综合反馈。

业务中台能够更好地连接企业内外部的合作者,并对合作者实施监管,促使合作者提供高质量的服务。业务中台能够将各种服务整合在一起,搭建基本业务服务框架。业务中台能够依据前台需要进行定制化业务服务交付,提升业务的个性化。业务中台在企业的数字化转型进程中发挥着不容小觑的作用。

中台将企业的数据、技术、业务等方面的需求场景化,并将可复用的流程进行有机组合,显著提升了部门内部以及各部门之间的协作效率,降低了企业的运营成本。因此,企业需要结合自身的实际经营情况,围绕核心业务建设所需中台，同步推进技术工具、分析能力以及业务流程的数字化进程，尽快形成数据、技术、业务的完整闭环。这可以帮助企业建立完善的战略机制，促进企业的良性发展。

二、科学搭建中台，持续赋能企业

中台能够汇聚企业的数据、技术能力、业务等，打通企业内部壁垒和业务流程，为业务的运作赋能。当前，不少企业都积极搭建中台，以提升业务运作效率。在搭建中台时，企业需要遵循以下原则科学搭建中台：

1. 战略举措优先原则

企业要将建设中台提升到战略高度，这也意味着企业需要打通业务部门与技术部门的决策通道，还要明确各项问题的处理优先级以及构建中台的职能分工。在明确战略方向后，企业还要定期对战略计划的完成情况进行核实。

2. 业务决策优先原则

通常情况下，中台战略会改变企业的业务形态，企业的业务部门也因此需要围绕自身的发展战略，对业务决策进行调整。在明确中台规划以及中台与业务之间的协作关系后，企业就可以利用中台支撑前台的业务发展。

如果企业在建设中台的过程中严格遵循业务决策优先的原则，那么企业的业务诉求就可以在中台得到满足，这将显著降低中台的价值风险。

3. 赋能优先原则

在建设中台的过程中，降低运营成本和提升响应能力这两种需求之间存在不可调和的矛盾，很难同时满足。在将业务流程中台化后，企业就可以利用中台为业务赋能，从而找到这两种需求之间的最佳平衡点。

当企业将中台的建设工作提升到战略高度后，对于企业来说，中台就不只是一个成本中心。业务决策优先以及强化赋能的思路,会使企业的关注重点从是否显著降低运营成本、是否使用多项技术等表层问题,转移到业务收益的提升、业务结构的优化等深层问题上。

许多企业都曾尝试建设中台,但由于未遵循上述原则,导致中台形同虚设,企业架构的转型也因此搁浅。技术的发展推动了共享生态的发展,中台可以帮助企业最大化地发挥数据的价值,中台也将成为企业最宝贵的数据资产,为企业持续赋能。

三、案例解析:企业搭建业务与数据中台

当前,越来越多的企业开始布局中台战略,搭建符合自身需要的中台。某企业根据业务需求,打造了业务与数据双中台,推动了业务的发展。

该企业为业务中台设置了基础目标与对应的模块,它还以业务中台为基础,针对自身存在的问题建设了数据中台。两个中台相互连接,提供数据洞察、数据管理、服务管理、运维管理等服务,并提供多样化的数据工具。

在双中台战略的帮助下,该企业将前台的应用与双中台进行了连接,充分发挥双中台的作用。双中台战略的实施打通了企业的内部数据,使业务人员可以更便捷地建立统一视图,为数据分析奠定基础。该企业还借助数据挖掘算法,建立销售力模型和风险指数模型,为战略决策提供数据支持。

双中台战略帮助该企业实现了智慧交易,该企业的发展瓶颈被打破。此外,双中台战略还帮助该企业在保留核心价值的前提下进行创新,使该企业可以更好地满足用户需求、适应市场的发展趋势。

第五章
产品研发：推进产品迭代与创新

  产品研发是企业管理中的重要内容。通过持续的产品研发，企业能够提高创新能力，推出新产品与新服务，强化竞争优势。产品研发也能够帮助企业拓展新市场，加快发展步伐。在产品研发方面，企业需要找准产品定位，持续进行产品迭代以及新产品开发，持续打造产品优势。

第一节　聚焦产品定位，打造产品优势

在产品研发过程中，产品定位是一个关键环节。企业需要明确产品在市场中的位置及其特点，在此基础上进行有针对性的产品设计。这能让企业快速建立起产品优势。

一、聚焦细分市场打造产品

当前的市场越来越细分，需求、爱好相同的消费者就可以构成一个新的细分市场。在进行产品研发时，企业需要聚焦自己拥有竞争优势的细分市场，集中资源进行产品研发，力争打造出爆品。

以供人们随时随地查看新闻的"今日头条"App能够根据用户的阅读兴趣、所在位置等多个维度，为用户提供个性化新闻推荐服务。

人天生拥有好奇心，从外界获取信息是人的本性，也是人的需求。现在正处于信息爆炸的时代，用户需要从众多繁杂的信息中获取最有价值的新闻，今日头条抓住了这一点，将信息进行过滤，提炼出精华呈现给用户。

今日头条具有社交属性，用户可以使用微博、QQ等社交账号登录今日头条。当用户登录时,它能够通过算法分析用户的阅读习惯,并更新用户模型,为用户精准推荐内容。

今日头条的成功,与其精细化的市场定位是分不开的。它将自身定义为新闻界的数据搜索引擎,帮助用户挑选最有价值、最受关注的新闻,为用户节省了时间,满足了用户的需求。因此,今日头条才能取得辉煌的成绩。

今日头条的案例表明,产品是多种多样的,市场也是多种多样的。在选择产品要进入的细分市场时,如何获得市场的认可是企业需要重点考虑的问题。那么,企业如何才能在众多的市场中选择合适的细分市场?企业选择细分市场的方法如图 5.1 所示。

根据产品确定市场范围

找准用户的需求

考量选定的细分市场

选择合适的营销策略

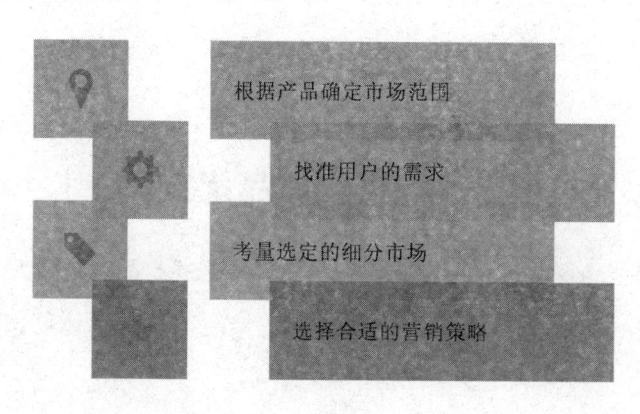

图 5.1　选择细分市场的方法

1. 根据产品确定市场范围

在选择细分市场时,企业应该根据产品来确定市场范围。企业应分析产品的特征和性能,结合细分市场中产品的发展情况,决定是否进入这一市场。

2. 找准用户的需求

用户在市场细分中占有举足轻重的作用,市场细分是以用户的消费习惯或消费喜好为依据的。企业在选择细分市场时,可以从地理、人口、心理等方面入手,罗列出影响市场需求和用户购买行为的各项因素,并明确最重要的因素,将其作为是否进入细分市场的评判依据,从而找到合适的细分市场。

3. 考量选定的细分市场

在找准用户需求后,企业就需要选择细分市场。在选择时,企业需要对比较满意的细分市场进行进一步的筛选和判断,对用户需求、产品研发生产情况、市场规模与发展前景等方面进行反复考量。此外,企业还可以在选中的目标市场中进行小范围的产品投放,对产品在该细分市场未来可能取得的成绩做出预测,从而为大范围的产品投放提供参考。

4. 选择合适的营销策略

选择合适的营销策略也很重要,有利于产品尽快进入细分市场。企业通过调查、分析、总结、评估各个细分市场,来确定产品最终可进入的细分市场,进而选择相应的营销策略,为进一步的产品营销做好准备。

二、聚焦功能设计,强化产品优势

在明确产品定位后,企业就需要考虑如何通过产品设计满足目标用户的需求,强化产品优势,将产品打造成爆品。在这方面,企业可以关注产品的功能设计,以独特的功能设计强化产品优势。

社交 K 歌应用唱吧为爱唱歌的人提供了一个随时随地唱歌的平台,受到了诸多用户的欢迎,在短时间内成为爆品。

分析其成功的原因,就在于它随时随地想唱就唱的核心功能受到用户的青睐。在唱吧未上市之前,市面上的音乐类手机应用软件的主要功能是听歌,用户只能作为听众,和着音乐哼唱,而不能随着伴奏演唱。

而唱吧聚焦用户对唱歌的需求,内置混响和回声效果,可以将用户的声音美化。除了提供歌曲伴奏外,唱吧还提供与伴奏对应的歌词,用户 K 歌时可以同步显示,且能够精确到每个字。此外,唱吧还有智能打分系统,用户可以将评分分享给好友,邀请好友比赛。唱吧充分满足了爱唱歌的用户的需求,因此,一经上市就广受好评。

企业在设计产品时,需要优先展示产品的核心功能,用核心功能引起用户的注意,获得用户的关注,让产品成为用户生活中的常用品。这样,才能使产品的存活率提高,产品才有更高的概率成为爆品。

同时,聚合同类产品功能也是打造爆品的一种重要途径。如果一款产品同时具备市面上多款同类产品的功能,就更容易获得用户青睐。因此,企业可以对市场上的同类产品的功能进行分析、整合,将同类产品的主要功能融到自己的产品中。将产品的功能进行聚合:一方面,能够使产品的功能按键减少,减少操作步骤;另一方面,产品的核心功能不变,还能够满足用户的需求,一举两得,更有利于留住用户。

三、三只松鼠:将碧根果打造成爆品

三只松鼠是知名的休闲零食品牌。在发展过程中,三只松鼠之所以能够从众多休闲零食品牌中脱颖而出,与其准确的市场定位密切相关。

在成立之初,坚果市场的竞争十分激烈。如何从竞争激烈的坚果市场中找到自身的出路,是三只松鼠首先要考虑的问题。三只松鼠没有盲目进军坚果市场,而是聚焦碧根果这一细分市场,逐渐发展壮大。

三只松鼠对市场进行了分析和研究,对产品将要进入的市场进行战略分析,对市场进行了划分和定位,找到了自身产品适合进入的市场。

坚果市场分为散货坚果市场和袋装坚果市场,这两种市场各有其特征。散货坚果市场中的商家大多是实体店,优势在于消费者购买时比较方便、快捷,但是也存在一些缺点。例如,消费者对产品的需求具有偶然性;在购买产品时,消费者很难对店铺和品牌产生深刻的印象,不利于吸引和长期留住消费者。

而在袋装坚果市场中,消费者对产品的要求比较严格,产品的质量、包装、口味等因素都会影响消费者的购买决策。但是一旦产品进入袋装坚果市场,就很容易形成品牌效应,获得相对固定的消费者群体,便于打造现象级爆品。

通过对这两个市场进行分析,以及对市场特征和竞品进行全面、细致的研究,三只松鼠选择袋装坚果市场作为目标市场。经过更深入的研究和分析,三只松鼠发现整个坚果市场是一个竞争非常激烈的红海市场,但是碧根果在其中有很大的潜力。

于是,三只松鼠将碧根果作为主打产品,采取多种营销策略使其成为爆品。三只松鼠的业绩节节攀升,品牌也有了更高的知名度。

碧根果作为三只松鼠的主打产品,在三只松鼠取得的辉煌成绩中发挥了重要作用。三只松鼠在打造碧根果这一爆品时,从口味、质量、服务等多个方面对其进行了包装和优化,成功获得了市场和消费者的认可。

此外,三只松鼠巧妙地处理其他坚果类产品和碧根果产品的关系,将碧根果作为主要宣传产品,带动其他坚果类产品销量增长,强化了消费者对品牌的认知。

三只松鼠将碧根果作为主打产品,在竞争激烈的坚果市场中异军突起,成为强势崛起的零食品牌,与其准确的市场定位是分不开的。企业在打造爆品时,可以学习三只松鼠的策略、方法,细分产品领域,找准产品的市场定位。

第二节 推进产品迭代,保持产品优势

任何产品都有生命周期,从最初的设计到退市,产品需要经过多次迭

代。产品迭代能够修复产品存在的问题,升级产品功能,提高用户体验,使产品长久保持竞争优势。企业需要有针对性地对产品进行迭代,使其能够满足用户不断变化的需求。

一、产品迭代,满足用户需求

用户需求是不断变化的,如果产品迭代缓慢,难以满足用户需求,就会在竞争中败下阵来。企业只有紧跟市场趋势,及时进行产品迭代,才能够延长产品的生命周期,留存更多用户。

某企业主营各种日化产品,包括各种化妆品、护肤品、清洁用品等。近年来,由于产品迭代缓慢,难以满足用户不断变化的需求,该企业的市场份额不断下降。

为了解决这一问题,该企业投入了大量时间深入分析用户需求的变化,同时进行了多种产品的升级并推出了新型产品。例如,和传统的洗手液相比,用户更偏爱更加便捷的免洗洗手液,于是该企业推出了免洗型的抑菌洗手液;在护肤品方面,针对孕期和哺乳期用户,该企业推出了更安全、不刺激的护肤套装。这些产品都受到了用户的喜爱。

该企业通过及时更新产品缓解了产品危机,这对于其他企业的经营具有指导意义。如果企业的产品更新换代慢,难以满足用户不断变化的需求,那么企业就会陷入产品危机。

为了避免这种产品风险,企业应注重产品的更新迭代,不断完善产品。在产品生命周期的不同阶段,进行产品迭代的目的是不同的。例如,对刚上市的产品进行迭代的目的往往是对功能进行完善或修复一些问题,而对已经成熟的产品进行迭代的目的往往是对功能进行升级或增加新的功能等。

二、产品迭代五大策略

无论对产品进行怎样的迭代,企业都需要思考用户的痛点是什么、使用产品的场景有哪些、迭代需要解决什么问题等,以把握用户的核心需求,制定有针对性的迭代方案。总的来说,企业进行产品迭代的目的主要是让产品能更好地适应用户需求的变化。

为了保证产品迭代的科学性,企业需要掌握一些产品迭代策略,如图5.2所示。

01 基于用户反馈进行迭代

02 基于数据进行迭代

03 基于市场趋势进行迭代

04 基于技术创新进行迭代

05 基于竞争对手进行迭代

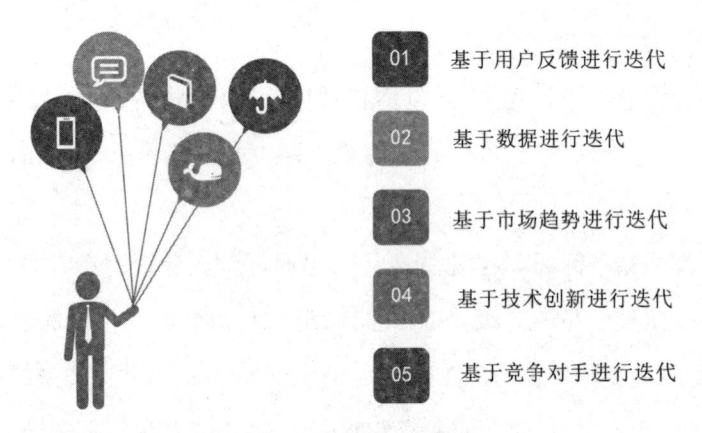

图5.2 产品迭代策略

1. 基于用户反馈进行迭代

用户是产品的使用者,其反馈是产品迭代的重要依据。企业需要建立完善的用户反馈机制,通过调查问卷、产品评论等收集用户反馈,根据用户反馈的意见和建议对产品进行迭代。

2. 基于数据进行迭代

数据是企业做出决策的重要依据。企业需要加强对产品数据的分析,发现产品的痛点与可优化之处。例如,哪些功能受用户的青睐?用户在使用产品时遇到了什么问题?通过对数据的分析,企业可以有针对性地进行产品迭代。

3. 基于市场趋势进行迭代

市场是不断变化的，企业需要把握市场趋势，对产品进行战略性迭代。例如，移动互联网的发展使得很多桌面应用都进行了移动化迭代，为了便于用户操作，除了自有 App 外，推出微信小程序应用的企业也越来越多。企业需要把握这种市场趋势，实现产品的便捷化迭代。

4. 基于技术创新进行迭代

技术是产品迭代的重要驱动力，能够为产品发展带来新的可能。例如，随着人工智能技术的发展，很多企业都在产品中融入了语音识别、智能推荐等功能，使产品更加智能。企业需要关注技术发展的最新动态，及时在产品中引入最新技术，保持产品的先进性、智能性。

5. 基于竞争对手进行迭代

除了关注自身产品外，企业还需要关注竞争对手的产品。通过对自身产品与竞争对手的产品进行对比分析，企业能够明确自身产品的优势与不足，有针对性地进行产品迭代。

当前，人工智能技术迅速发展，与之相关的 AI 文本创作、AI 绘画等成为市场热潮。这也成为众多产品，尤其是社交产品迭代的一个方向。在这方面，快手紧跟热潮，上线了"AI 动漫脸"风格化特效，写实图片可以瞬间转化为二次元风格的动漫图片，同时搭配音乐和动态花瓣效果，二次元氛围感十足。这一功能点燃了用户的参与热情。上线第 3 天，相关话题便登上快手热榜。同时，"AI 动漫脸"相关作品数量暴涨，成为深受用户喜爱的爆款特效。

借助这一功能，用户可以一键生成二次元图片，了解自己的"动漫脸"究竟是怎样的，还可以用这种形式定格生活中的美好场景，如家人团聚、朋友相会等。众多明星也纷纷尝试，变身漫画中的元气少女、英气逼人的王子等。

上线"AI动漫脸"功能就是快手基于技术创新对产品进行的一次迭代，为用户提供了趣味十足的新功能，激发了用户创作的积极性。因为当前AI在理解图片方面存在偏差，所以生成的AI绘画作品存在一些问题，如将少女转化为狼人、性别识别错误等。用户在快手上创建了"无所谓我会出手驯服AI"的话题，分享AI创作的各种搞笑作品。而一些意料之外的转换结果反而激发了用户的分享欲，成为新的社交话题。

紧跟技术趋势的迭代，不仅使快手的内容更加丰富，还激发了用户创作的热情，为用户进行社交提供了新话题，推动了快手的繁荣发展。

三、喜马拉雅：基于人工智能进行产品迭代

喜马拉雅是一个业内领先的音频分享平台，为用户提供有声书、相声、广播剧、综艺、新闻等类型丰富的音频内容，吸引了海量用户的关注。

随着人工智能技术的发展，内容智能生成成为潮流。抖音、B站等诸多平台都引入了人工智能技术，为用户的创作提供支持，进一步丰富了平台的内容生态。在这一趋势下，喜马拉雅也引入人工智能技术，尝试为用户提供智能的音频创作工具，实现音频内容智能生产。

基于人工智能技术，喜马拉雅打造了喜韵音坊平台。该平台能够帮助用户进行音频创作，帮助用户实现配音梦。喜马拉雅打造喜韵音坊并不是一件容易的事情，需要攻克许多技术难关。

1. TTS音色难以演绎小说

TTS（text to speech，文本转语音）是一种将文本转换为语音的技术，广泛应用于多个场景，如电话客服、机器人等。但TTS合成的声音是冷冰冰的机器音，不能用于录制音频节目。在音频节目中，听众希望听到有情绪变化、有温度的声音。例如，讲述童话故事的声音应该是天真可爱的，讲述武

侠故事的声音应该是激昂、顿挫的,讲述历史故事的声音应该是深沉、厚重的。

如果运用TTS进行音频生成,就需要其能够进行情感表达、转换音色等。因此,喜马拉雅需要研究如何让人工智能理解文本语境,然后根据语境选择合适的音色,并能根据文本的情绪随时转换声音。

喜马拉雅曾尝试复评书艺术家的声音。评书艺术家声音的特色是韵律起伏大、许多字词发音独特,如果仅用TTS进行声音合成,那么最终形成的音频语调相对平淡,失去了评书应有的跌宕起伏。

对此,喜马拉雅设计了韵律提取模块,能够合成起伏较大的韵律,并针对评书艺术家的发音设计了口音模块,对特殊的发音进行标注。因此,人工智能合成的音频能够还原艺术家讲评书的"味道"。

基于不断的技术创新,喜马拉雅用TTS合成的音频能够"以假乱真"。如今,TTS技术能够输出多种情感、风格的音频,广泛应用于新闻、小说、财经等领域的音频内容创作中。

2. 跨语言合成

跨语言合成指的是让一种声音说两种话。例如,A的声音既能讲普通话,也能讲客家话。这项技术的难点在于,A本人只讲普通话,却需要人工智能模仿A的声音说客家话。喜马拉雅研发了一套训练方法,即跨语言语音合成技术,让模型接受语言和音色的组合训练,以解决跨语言合成问题。

3. 语音转文字技术

许多音频节目不会特意匹配字幕,导致听众很难听清节目讲的是什么。为了解决这个痛点,喜马拉雅将语音转文字技术和能够将超长音频与文本对齐的算法结合,推出了AI文稿功能。

AI文稿功能能够识别无文稿的音频内容,并自动生成文稿,方便听众理解内容。对于已经有文稿的音频内容，AI文稿功能能够将声音与文稿进行时间戳对轨。在声音播放的同时，对应的文字会同步高亮，听众能够更加便捷地收听音频。

喜马拉雅通过研发新技术，为音频行业的生产方式、内容结构带来了新的变化，推动音频行业不断发展。喜马拉雅的生产模式主要是PGC（professional generated content，专业生产内容）和UGC（user generated content，用户生成内容），而其在人工智能领域的不断探索，为其积累了诸多优势。

（1）在真人接单模式下，真人进行朗读的成本过高，人工智能生成音频能够实现降本增效。喜马拉雅深耕在线音频行业多年，形成了相对稳定的内容生产结构，即"PGC＋PUGC（professional user generated content，专业用户生产内容）＋UGC"，其中UGC是用户消费最多的部分。

虽然UGC带来很多收入，但是喜马拉雅与创作者采用的是收入分成的利润分配方式，导致喜马拉雅的内容生产成本过高。在内容创作中引进人工智能技术之后，如果喜马拉雅借助人工智能生成音频的方式生产有声书，则能够产生海量音频内容，有效降低成本。

（2）人工智能能够快速生成音频。新闻、时事热点等具有时效性的内容，如果运用真人接单模式进行生产，用户可能需要等待几个小时才能听到音频内容。但如果运用人工智能生成内容模式，可能只需要几分钟，用户就能听到音频内容。

（3）帮助创作者进行内容生产。喜马拉雅希望为创作者提供智能创作工具，以提升创作者的创作效率，降低创作门槛，使创作生态更加繁荣。

在音频行业，大多数内容创作者没有专业团队，因此，他们能够演绎的内容有局限性，只能选择单播作品，这限制了他们声音的变现力。而喜韵音坊上线 AI 多播功能后，主播可以与 AI 合作，实现单人演绎多播作品。

借助人工智能技术，喜马拉雅推出了新的功能，实现了产品迭代，大幅提升了对用户的吸引力。在用户参与创作的过程中，其对喜马拉雅的黏性将进一步提升。同时，用户创作也能够繁荣喜马拉雅的内容生态，吸引更多新用户加入。

第三节 加速新品研发：以新产品获得更多利润

除了产品迭代外，企业也需要加速新产品的研发，以新产品抢占新市场，获得更多收益。在这方面，企业需要做好市场调研，找到新品研发的方向；通过敏捷开发的方式将产品迅速推向市场，并持续进行产品优化。这能够帮助企业抢占市场先机，获得更多的发展机会。

一、市场调研：新品开发的前提

很多企业十分重视新品研发，频繁推出新产品，但反响往往达不到预期。在经过艰难的运作后，新产品往往会惨淡退市。原因就在于这些企业在推出新产品之前没有进行市场调研，不明确用户的需求，因此新产品难以获得市场的认可。

在推出新产品之前，企业需要进行市场调研，了解市场行情和用户的需求，明确研发新产品的可行性。那么，企业应如何进行市场调研？5W2H 法是企业进行市场调研时经常使用的一种方法，见表 5.1。

表 5.1 5W2H 包含的内容

提问	解决问题
why	市场环境如何
where	处于什么位置
what	竞品调研
who	目标用户群体
when	何时研发新品
how	如何研发新品
how much	投入多少资金研发新品

1. why

在研发新产品之前，企业要明确为什么要进行产品研发。这就需要企业对市场环境进行调研，了解想要推出的新品在市场上有无发展空间，从经济发展趋势的角度预测新产品的发展情况和市场规模。如果新产品的市场需求大，政策环境良好，那么推出新产品就能获得更好的市场反响。

2. where

企业需要明确自己在市场中处于什么位置，明确自己的市场份额和增长趋势，并且确定在目标市场中，自己面临的竞争的大小以及市场规模的变化趋势。

3. what

在进行竞品调研时，企业可以通过百度指数等查看各种数据、热门指数；可以通过微博等社交媒体倾听用户的声音；可以通过行业峰会、新闻报道等了解行业专家对相关产品的分析。

4. who

在目标用户群体分析方面，企业需要分析用户行为数据，建立用户行为模型和标签模型，这样才能研发出符合目标用户需求的产品。

5. when

企业需要对产品战略与产品功能进行规划,明确什么时候进行新品研发。

6. how

企业需要明确新产品有哪些优势,要在新产品上进行哪些突破、哪些创新,以实现产品的差异化。

7. how much

在明确如何研发新产品之后,企业还要确定研发新产品的人力、物力和财力的预算,确保研发项目可以在充足资金的支持下顺利完成。

通过以上几方面的分析,企业可以了解市场环境、找到市场缺口,可以收集用户对产品的认知和竞品的优缺点,可以分析用户的行为和需求。这些都能使企业的新产品研发方案更具科学性。

二、敏捷开发:加速产品运作

在技术快速发展、市场需求日益多样化的背景下,企业需要快速响应用户需求的变化。而敏捷开发以用户需求的不断变化为核心,采用循序渐进、迭代的方法进行产品开发,成为企业快速推出新品的重要手段。

敏捷开发主要分为产品规划、产品研发和产品运营三个阶段。企业需要明确每个阶段的工作重点,有的放矢地推进产品研发。

首先,在产品规划阶段,企业需要明确产品所要达到的战略目标是什么、计划推出怎样的产品组合、走怎样的产品路线、如何调动手中的资源进行战略布局。而落实到每个阶段的实际操作中,企业需要针对业务进行具体规划,构建完善的技术平台,制订公开、透明的协同计划,确保各部门之间可以做好配合。在产品发布之前,企业还要制订发布计划,确保新产品的上市万无一失。

其次,在产品研发过程中,企业需要明确用户需求的优先级,规划需求专题清单、特性清单以及迭代需求清单。产品的初始版本不必完美无缺,因为后续还要进行一系列迭代优化。

最后,产品上线之后需要企业进行运维和运营。产品运维主要包括任务管理、灰度发布、运维监控、成本控制等内容。而产品运营主要包括产品、用户、内容、数据运营等内容,企业需要持续收集用户反馈,为产品的迭代优化提供参考。

第六章

营销策略：驱动品牌传播与增长

随着互联网的发展，多渠道营销成为品牌营销的主要路径。企业可以借助多种平台，与用户进行高频互动，提升产品与品牌的影响力。在营销过程中，企业需要明确营销策略与营销流程，在此基础上综合运用多种营销方案，全方位推动销售增长。

第一节　合理规划策略，凸显品牌优势

在进行品牌营销时，企业首先要明确营销策略，以正确的策略为指引，合理开展营销活动。在此方面，通过打造差异化定位进行差异化营销是一个很好的办法，可以凸显品牌优势，加深用户对品牌的认知。

一、差异化定位，凸显品牌差异化优势

在寻找营销切入点时，企业可以对品牌进行差异化定位，制定差异化的营销策略。这能帮助企业在市场竞争中脱颖而出，获得竞争优势。

品牌差异化定位的目的是将产品的核心优势或个性化差异转化为品牌的优势，以满足目标用户的个性化需求。成功的品牌都有一个有别于竞争对手的差异化特征，且能长期与用户的心理需要连接起来，在用户的心中占据一个有利的位置。

假设你想要打造一个咖啡品牌，目标是在星巴克和蓝山咖啡已取得绝对优势的市场中开辟一块属于自己的领地，你需要怎么做？绿山咖啡给出了一个很好的思路。

第六章 营销策略：驱动品牌传播与增长

在很多人看来，绿山咖啡无法与星巴克相提并论，甚至很多人都没听过这个咖啡品牌。事实上，绿山咖啡的股价一度超星巴克。绿山咖啡有一项专利产品，叫作"K 杯"。它是一个外表像纸杯的容器，里面有一个只能渗透液体的纸杯状的装置，上面有铝箔盖封口，以保证咖啡的香味不会散发。

将 K 杯置入配套的克里格咖啡机，按一下按钮，加压注水管就会穿破铝箔盖进入滤杯中，注入热水。咖啡机能够精确控制水量、水温和压力，以保证咖啡香味最大化，能方便、快捷地煮出口感香醇的咖啡。

不用磨咖啡豆、称量、清洗、把控材料的量，把 K 杯放在咖啡机中，一分钟就能得到一杯香喷喷的咖啡。克里格咖啡机比传统咖啡机更方便，咖啡香味也更浓郁，价格比星巴克便宜。基于以上优势，绿山咖啡受到了许多公司的欢迎，很多办公室里都配备了绿山咖啡的产品。

绿山咖啡申请了多个与 K 杯相关的专利，K 杯向所有饮品商开放，饮品商只需为此向绿山咖啡支付一些许可费。

在咖啡零售领域，虽然星巴克的分店已经开遍全世界，但绿山咖啡凭借独特的定位，同样成为咖啡领域旗帜鲜明的品牌巨头，有自己的盈利体系。因此，企业需要明白的是，建立品牌重要的不是比竞争对手好在哪里，而是能在哪个方面做到第一。具体而言，企业可以从以下几个方面入手：

1. 在细分市场中做到第一

新品牌刚进入市场时还很"弱小"，很难与头部品牌竞争。这时，品牌要把有限的资源集中起来，先在细分领域做到第一。例如，绿山咖啡就是通过 K 杯这一专利产品，受到了诸多公司的欢迎，在办公领域获得了很高的知名度。

2. 在新的领域成为第一

如果某个市场尚无人开发，那么第一个进入该市场的品牌毫无疑问就是第一。市场竞争最忌讳在竞争对手的"主战场"上与其比拼。如果品牌不能成为某一领域的第一，那就成为另一个领域的第一，甚至，品牌可以创造一个新的领域成为第一。

例如,娃哈哈曾计划开发一款新产品,但调查后发现,牛奶领域的第一名是伊利,果汁领域的第一名是美汁源,饮品市场中的很多细分领域都已经有了头部品牌。于是,娃哈哈把牛奶和果汁混合,创造出一款新产品——营养快线,受到了广大用户的欢迎。如果娃哈哈研发牛奶或果汁,很可能处于劣势,但娃哈哈跳出了竞争对手的"主战场",创造了一个新市场,轻松成为第一名。

3. 在竞争对手的对立面成为第一

在和市场中原有品牌进行竞争时,企业最好不要与竞争对手"硬碰硬",而是找到竞争对手的软肋,用自己的长处攻击对方的短处。

例如,拼多多是一家提供社交电商服务的公司,与淘宝、京东等电商平台不同,它通过社交媒体和移动社交技术,将消费者聚集在一起,以团购、拼单等方式推进商品传播和销售。这种创新的经营模式使得拼多多拥有差异化竞争优势,在竞争激烈的市场中脱颖而出,成为电商行业的后起之秀。

总之,在制定营销策略时,企业需要对品牌进行差异化定位,从产品、经营模式等多个方面深化品牌的差异化优势。

二、持续强化策略,提高品牌辨识度

制定差异化营销策略后,企业还需要持续强化策略,通过不断地差异化运作,提高品牌辨识度。

提到烤鸭,很多人第一个想到的品牌是全聚德;提到果冻,很多人第一个想到的品牌是喜之郎。这些品牌之所以有这么高的辨识度,是因为它们数十年如一日地强化用户对品牌的认知,品牌本身具有很高的传播及营销价值。

差异化营销是一个过程。企业需要聚焦自己的优势之处持续发力,深化品牌认知,持续提升品牌竞争力。

提到汽车,很多人首先想到的是各种各样的豪车,如兰博基尼、法拉利等。但一提到安全,很多人首先想到的是沃尔沃。沃尔沃具备很多其他汽车品牌都具备的优势,但这些优势只是附加价值,并不是它的核心价值,它的核心价值是安全。

沃尔沃品牌的拥有权目前在中国吉利的手中,但这个品牌最初来自瑞典。每年一过10月,瑞典从北往南就陆续覆盖上厚厚的积雪,黑夜比白天的时间长,驾车出行的危险性成倍增加,因此瑞典的自然环境对汽车的安全性要求很高。从创建以来,沃尔沃就将关注的重点放在汽车的安全性上。沃尔沃是怎么突出自己的安全性的呢?

首先,沃尔沃建立自己的交通事故研究部门,这是沃尔沃与其他大多数汽车制造商明显不同的地方。其次,沃尔沃的工程师要考察事故情况,对目击者和当事人进行采访、调查,检查肇事汽车的损坏程度,将事故情况与复杂的机械装置联系起来进行研究,收集各类数据资料。最后,将已经掌握的信息制作成图文并茂的调查报告,提供给每一个与产品开发有关的部门。

除此之外,沃尔沃每年还要进行一百多次整车撞击测试和成千上万次的零件及某一系统的测试,以保证汽车的安全性。

在科技发达的今天,企业很难独立研发出垄断性的汽车安全技术。有的汽车企业的安全技术已经有了超越,但在用户心中,沃尔沃依旧是安全的代表。这源于沃尔沃长久以来对安全的追求和坚持。

第二节 明确营销流程,打造营销闭环

在进行品牌营销时,企业需要明确营销流程,强化营销效果。在进行营

销之前,企业需要进行市场调查,以确定营销的方向。同时,企业需要通过对用户进行分析更加精准地了解用户需求,以打造营销闭环。

一、通过市场调查明确营销方向

在开展品牌营销之前进行市场调查是十分有必要的。通过市场调查,企业可以了解目标用户的消费行为、消费偏好、消费需求等。在此基础上,企业可以有针对性地开发产品、制定合适的经营策略。

市场调查指用科学的方法,有目的、系统化地搜集、记录、整理和分析市场情况,以了解市场发展现状和未来趋势,为企业制定发展策略提供客观、正确的依据。市场调查主要针对市场中的产品与品牌展开,是企业在推出新产品或者进行品牌营销之前必须做的。例如,吉列曾通过市场调查有针对性地推出产品,获得很好的反馈。

吉列曾推出一款面向女性的专用刮毛刀——雏菊刮毛刀。这一决策看似荒谬,却让吉列一炮打响,该产品迅速畅销全球。吉列的成功离不开深入的市场调查。

在推出产品之前,吉列进行了周密的市场调查,发现很多女性要定期刮除腿毛和腋毛,以保持良好形象。而这些女性除了使用脱毛剂之外,还需要花费很多钱来购买男式刮胡刀。吉列抓住了这个机会,开辟了女性刮毛刀这个细分市场。

在设计雏菊刮毛刀时,吉列采用了大多数女性都喜爱的鲜艳的颜色,并在产品外包装上印上雏菊,将握柄改为利于女性使用的弧形。而且,吉列在进行产品宣传时还突出了产品的特点,对女性进行了有针对性的宣传,宣传的关键词包括"双刀刮毛""完全适合女性需求""不伤玉腿"等。吉列因此一炮而红,名利双收。

二、深化用户分析，让用户需求更准确

除了市场调查外，企业还需要对用户进行深入分析，以明确用户特征和用户需求，制定精准的营销策略，提高用户满意度和转化率。

用户分析并不是一件简单的事情，它需要企业有足够多的用户数据和科学的分析方法。企业需要建立切实可行的用户分析模型，以确保分析结果的准确性和可靠性。

无论企业处于哪一种行业，目标用户都会有一些共性，例如，口红类化妆品的用户以女性为主，因此产品及包装方面的设计都会偏女性化，以吸引女性用户的目光。

对用户进行分析是产品生产、宣传和销售的重要前提。在完成用户分析之后，企业应根据市场的现状与特点对用户群体进行确认，从而实现更加精准的宣传。

用户分析有非常重要的作用，企业应该对此加以重视，并且掌握用户分析的方法。企业进行用户分析的两个方面如图 6.1 所示。

01 明确用户特征

高质量用户服务 02

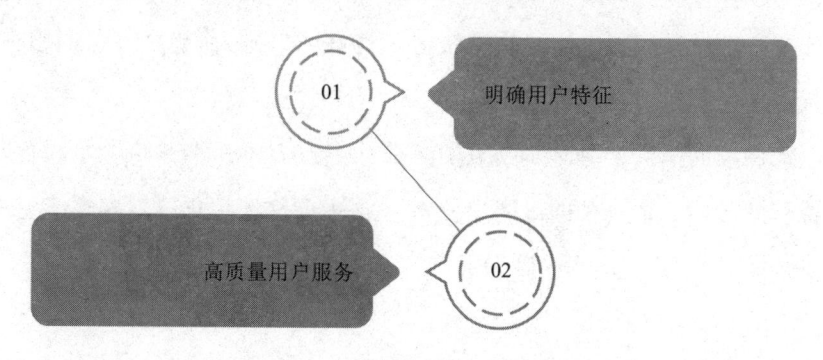

图 6.1 用户分析的两个方面

1. 明确用户特征

用户特征分析是在明确目标用户群体的基础上对用户进行更加深入、细致的分析，从而总结出使用企业产品的用户群体的特点，以便企业对产

品、宣传方式进行调整。用户特征分析主要从用户的基础属性、社会关系、消费能力、行为特征、心理特征等方面展开。

通过对用户特征的分析，企业找出其中的共性，作为产品改进与品牌宣传的依据。当然，如果对每一个用户都采取这种分析方式无疑是费时、费力的。因此，企业应该按照一定的标准和比例挑选具有代表性的用户进行深入分析。

2. 高质量用户服务

进行用户分析的直接目的是洞察用户的真实需求，为用户提供更高质量的服务。高质量的服务能够形成品牌的竞争优势，有利于品牌推广。

在高质量服务方面，海底捞是一个典型代表。海底捞是餐饮界的佼佼者，为用户提供贴心、优质的服务，赢得用户的一致好评。人性化的服务让海底捞在众多火锅品牌中脱颖而出，虽然海底捞的整体消费较高，但用户仍然趋之若鹜。

用户在海底捞用餐，从进店到离开都能获得良好的服务体验。递发圈、送水果、表演抻面、玩游戏等一系列服务，使得海底捞形成了独具特色的服务文化。高质量的服务使海底捞获得了良好的口碑，而趋之若鹜的用户也在无形中为其做了宣传。

海底捞的案例表明，高质量的用户服务能够给企业带来巨大的价值，促进品牌的传播。企业在进行用户分析时要注重挖掘用户的真实需求，提高服务质量，让用户主动为品牌做宣传。

三、三大要点，打造营销闭环

通过打造营销闭环，企业可以将产品与用户的需求进行匹配，从而吸引用户购买产品，提高用户对品牌的忠诚度。在打造营销闭环时，企业需要明

第六章 营销策略：驱动品牌传播与增长

确用户需求，完善营销各环节，不断提升品牌的商业转化能力。打造营销闭环的三大要点如图 6.2 所示。

01 精准把握品牌特质，打造跨界网红爆点

02 进行用户洞察，精准定位，顺势而为

03 精准触达，产品需要更懂渠道

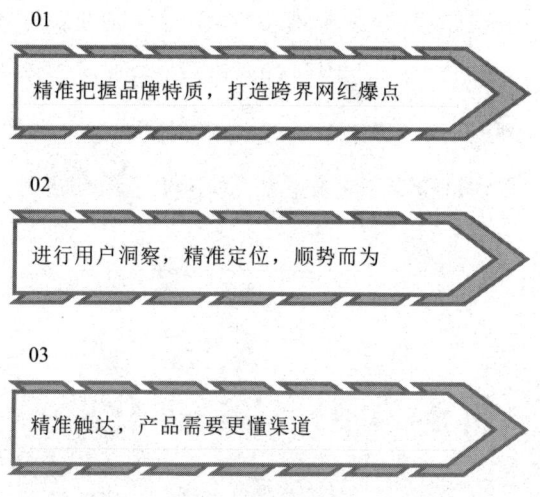

图 6.2 打造营销闭环的三大要点

1. 精准把握品牌特质，打造跨界网红爆点

随着我国用户文化自信的提升与身份认同感的增强，国潮品牌开始受到追捧，优质国货层出不穷。一些国潮品牌精准把握品牌特质，和其他品牌跨界合作，打造营销爆点。例如，上海家化的六神花露水和 RIO 鸡尾酒合作推出了鸡尾酒，美加净和大白兔奶糖合作推出大白兔奶糖味润唇膏等。

2. 进行用户洞察，精准定位，顺势而为

我国的市场很大，每一个细分市场都蕴藏着巨大的商机。对用户的洞察是打造营销闭环的关键。例如，英国免洗洗发水品牌碧缇丝的特点是无水洗发，易于携带，30 秒快速去油。其进入我国市场后，将用户群体从年轻的女性用户进一步拓展为"社交型懒人"，并针对具备这个特征的大学生、白领推广产品，获得了巨大的成功，实现了高速增长。

由此可见，对于用户需求的洞察对打造营销闭环有着至关重要的作用，能使产品覆盖更多目标消费人群。

3. 精准触达，产品需要更多渠道

要想打造营销闭环，企业还需要建立产品与目标用户的连接，让产品精准触达目标用户。现如今，购物渠道多样化，除了传统的超市、百货商店等线下渠道，还有跨境电商平台、社交电商平台、垂直电商平台等线上渠道。渠道纷繁复杂，串联起消费渠道对打造营销闭环有着重要作用。企业只有实现对目标用户群体的全渠道覆盖，才能真正实现精准营销。

第三节　拆解营销方案，强化营销势能

为了连接品牌与用户，实现更好的营销效果，企业有必要拆解多种营销方案，实现多种营销方案的综合运用。其中，创意营销、整合营销、游戏化营销、口碑营销等，都是企业在新时代可以运用的有效营销方法。

一、创意营销：快速吸引用户目光

创意营销指的是企业借助独具创意的想法开展营销活动，使品牌能够从产品严重同质化的市场中脱颖而出，吸引更多用户的关注，获得竞争优势。这种营销方式能够以较少的投入获得更好的营销效果。

创意营销有三个特点：投入少、见效快、借力打力、创意取胜。其中，投入少、见效快是创意营销最为突出的特点，因为低成本、高回报是企业喜闻乐见的事情。借力打力即借助很多免费的宣传机会为产品、品牌造势。创意营销的核心是创意，与众不同的创意策划，会使营销取得更好的效果。

创意营销能带来巨大的流量,很多企业都借助创意营销吸引更多用户,实现快速增长。例如,国际时尚品牌与国产品牌大白兔合作,举办了以"想象之境"为主题的线下活动。

该品牌与大白兔共同搭建了一个极具创意的沉浸式展览空间,分为合作展览区、梦幻岛、皮革工坊和C位兔甜品屋等区域。在合作展览区,该品牌展示了一系列合作成衣;在梦幻岛,用户可以在由兔子、蘑菇等元素构成的梦幻世界中自由体验;在皮革工坊,用户可以了解皮具制造的过程;在C位兔甜品屋,用户可以品尝许多美食。

在多元文化的碰撞下,用户不仅能够体会到国际品牌的时尚主张,还能够重温大白兔承载的童年回忆。可以说,此次活动是一次成功的创意营销。

二、整合营销:强化品牌营销优势

当前,用户对品牌的认知已经不再局限于产品本身,而是更多地考虑其具有的价值和个性化特征。企业需要针对用户的需求,整合不同的营销手段,与用户进行深度互动,加强品牌与用户之间的连接,提升用户对品牌的忠诚度,获取更多商业价值。

整合营销分为水平整合和垂直整合两个层次。水平整合包括信息内容的整合、传播工具的整合、传播要素资源的整合;垂直整合包括市场定位的整合,传播目标的整合,4P[product(产品)、price(价格)、promotion(推广)、place(渠道)]的整合,品牌形象的整合。

以东风汽车旗下首款SUV——东风风光580的持续性营销为例,东风汽车经过调查研究,最终从方式、节奏、内容三个层面制定了整合营销策略。

1. 在营销方式上大胆突破

SUV市场竞争激烈,东风汽车大胆创新,尝试"网红"营销、娱乐营销、体验营销等新的营销形式,组合出击,赚足了用户的眼球。同时,东风风光重视线上线下联动,既在形式上创新,又保证了传播声量最大化。

2. 在节奏上长预热、强爆破、重持续

东风在新品推广节奏上敢于突破自身瓶颈,积极学习其他品牌新车推广经验,为东风风光580策划了长达一年的传播推广周期。从1月谍照预热、3月高寒测试、4月车展亮相、5月预售、6月上市、8月试驾、10月自动挡上市、12月自动挡试驾,一直到第二年2月超级公路粉丝节和4月丽江汽车共享活动。长达16个月的宣传周期,持续加深用户对新产品的印象。

3. 在内容上因势制宜

秉持"用户在哪里,东风风光的营销就要到哪里"的原则,东风风光580的营销内容更加年轻化、网络化、时尚化。例如,围绕"超级都市SUV"的定位,延伸了动画超人形象以及"7年/15万公里超级质保"等营销内容。

三、游戏化营销:提升营销趣味性

游戏化营销指的是在营销活动中融入游戏元素,提升营销活动趣味性与用户的体验感。随着技术的进步、社交平台的发展,游戏化营销受到更多企业的青睐。

游戏化营销有四个特点,如图6.3所示。

1. 品牌性

企业借助游戏进行营销的主要目的是推广品牌。因此,游戏要融入品牌元素,品牌可以是游戏的名称,也可以是游戏的道具。企业在游戏化营销中向用户充分渗透品牌信息,可以让用户在潜移默化中记住品牌。

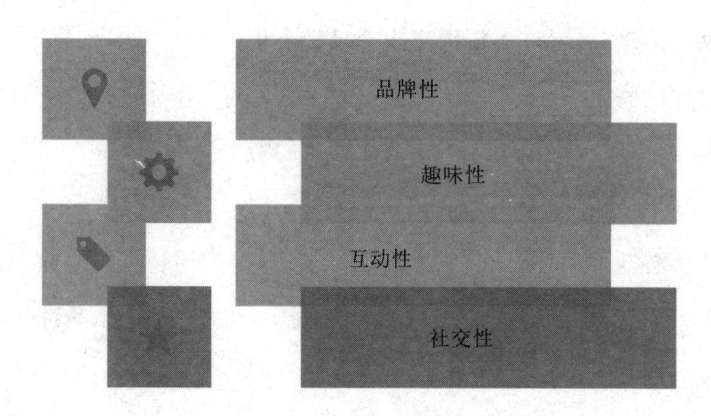

第六章 营销策略：驱动品牌传播与增长

品牌性

趣味性

互动性

社交性

图 6.3　游戏化营销的四个特点

2. 趣味性

任何游戏想要吸引玩家的关注，都要做到有趣。创意十足、体验感好的游戏才能让更多的用户对其产生兴趣，并让用户"上瘾"。当然，游戏终究只是一种营销手段，因此游戏玩法不宜设计得太过复杂。

3. 互动性

游戏中的每个环节，如新手提示、签到奖励、反馈建议等，都是游戏与玩家互动的渠道。这些看似形式化的东西，实际上能营造出浓厚的游戏氛围，从而让用户忽略其营销属性，更好地沉浸在游戏中，感受品牌的自我表达。

例如，2022 年 8 月，知名美妆品牌美宝莲与巧克力品牌 M&M's 共同打造了一场快闪活动。这次快闪活动以"色彩，快到脸上来"为主题，打造了艺术展览、互动玩乐等多元化娱乐场景。

用户不仅可以参观美宝莲与 M&M's 的联名产品，还可以在现场的互动区域进行互动，体验缤纷多彩的美妆世界。"玩色狂欢区"内有"巨彩碗"装饰，用户可以将其作为背景墙拍照。在"出色试妆区"，用户可以进行试妆体验，美宝莲彩妆师亲自为用户化妆，近距离向用户"种草"产品。快闪店内还有扭蛋抽奖活动，吸引许多新用户成为品牌会员。

通过此次联名活动，美宝莲与M&M's进行了不同圈层的碰撞，吸引大量用户参与活动，向用户展示了游戏化营销的魅力。

4. 社交性

除单机游戏外，大部分游戏都有社交属性，很多年轻人都喜欢在游戏中结交朋友。另外，游戏还能被分享到社交圈中，也就是说，互动性强的游戏更容易通过朋友圈而走红。

传统的营销方式通过不厌其烦地重复来抢占用户心智，而游戏化营销通过游戏给用户带来趣味性体验。这样的营销方式降低了营销创意的门槛，但对游戏创意的要求很高。

游戏化营销可以让用户在玩游戏的同时潜移默化地了解品牌文化、产品价值等信息。这种方式更容易被用户接受，对提升品牌知名度和产品销量都有不错的效果。

四、口碑营销：催化营销效果

在社交媒体时代，用户的决策很容易受到他人的影响。如果企业能够树立起正面的品牌形象，拥有良好的口碑，并引导用户通过分享和口碑传播的方式来推广自己的品牌，就能获得更好的营销效果。

口碑营销依靠用户的口耳相传，而不是营销团队单方面向用户灌输信息。虽然营销团队在口碑营销方面能起到一定作用，但无法把控舆论的具体走向。因此，口碑营销是一种低成本，但更加真实、可靠的营销方式。

口碑营销的关键是提高用户对品牌的好感度，这样用户才愿意为品牌说好话。在社交媒体发达的今天，口碑营销借助互联网扩大了影响，使信息能够在短时间内快速传遍全国,甚至全球,在数十万,甚至数百万用户中形成话题。

口碑营销学专家安迪·赛诺维兹认为,口碑传播离不开五个"T"要素。

1. talkers(谈论者)

谈论者指的是谈论产品的人,是口碑传播的起点。这些人是产品的粉丝或者使用过产品的用户,他们会主动和其他人谈论产品。他们是口碑传播的推动力,如果没有他们,口碑传播也就无从开始。

2. topics(话题)

话题指的是谈论的内容。口碑最初都源于一个有讨论价值的话题。话题可以是产品的性能或设计的创意,也可以是服务的质量等。例如,iPhone X 的"刘海"屏、卫龙辣条的店铺风格等。话题要足够新奇,才能引发用户讨论,最好能激起用户的好奇心,促使用户一探究竟。

3. tools(推动工具)

推动工具指的是营销团队推动口碑传播的媒介、渠道和技术等。互联网可以缩短口碑传播的时间,扩大传播范围,增强话题的影响力。传统媒体和互联网媒体都可以作为推动口碑传播的工具,企业要谨慎利用这些工具,因为这些工具会让好口碑传播得快,也会让坏口碑传播得快。

4. taking part(参与)

参与指的是参与话题讨论的人。口碑营销的一大特征就是互动性很强,这在用户与用户的互动、产品与用户的互动两个方面都有体现。对此,营销团队可以主动参与用户的话题讨论,这样既能提升话题讨论热度,又能拉近与用户的距离。

5. tracking(跟踪了解)

跟踪了解指的是企业要跟踪了解那些正在谈论产品的人,明确他们谈论的侧重点。这是口碑营销的一项重要工作,有利于收集用户的反馈意见,及时调整营销策略。

很多用户购买产品时，会倾向于购买朋友、家人推荐的产品，因为这些人更令他们信任。信任的人推荐的产品更有说服力，用户能够放心地购买。口碑营销是一个有效、能低成本提升品牌知名度的营销方式，企业要制定合理的口碑营销策略，使口碑营销效果最大化。

第七章

激励制度：多种激励挖掘员工潜能

　　企业活力是影响企业发展的重要因素。为了使企业始终保持活力，提高竞争力，企业需要制定完善的激励制度，激发员工的工作积极性和创造性。在制定激励制度时，企业需要关注激励的内容和效果，采取有效的激励手段，以实现长久激励。

第一节 关注激励的方式与效果

在选择激励方式方面,企业需要注意两大要点:一是将物质激励与精神激励相结合,进行综合激励;二是既要对员工进行即时激励,也要对员工进行长期激励。把握这两大要点,企业能够提升激励的效果。

一、聚焦物质与精神,进行综合激励

从激励方式上来说,企业既可以从物质上激励员工,也可以从精神上激励员工。二者相结合能够产生更好的激励效果。

1. 物质激励

物质激励在企业中十分普遍,常见的形式有薪酬、股权等。

①薪酬。薪酬是很多员工赖以生存的收入来源,员工可以用自己的薪酬购买食物、衣服等生活必需品。因此,企业要在薪酬方面对员工进行激励,这样才能激发员工努力工作、为企业创造价值的积极性。

例如,为了激发员工的工作热情,某企业在进行薪酬调整时,提高了员工的浮动工资。企业可以将员工的基本工资控制在合理的范围内,薪酬包含的其他部分通过浮动奖金来补充。浮动奖金与员工的业绩挂钩,只要员工的绩效达到一定水平,员工就可以全额获得浮动奖金;如果员工的绩效未能达标,那么奖金会大幅缩水。

②股权。股权激励包括很多种形式,如干股、虚拟股、期权、股票增值权等。股权激励不同于传统的薪资、绩效及奖金激励,它是一个长期的过程。这就要求员工要长远地关注企业发展,全心全意为企业发展贡献自己的力量,以确保自己可以获得理想的收益。

2. 精神激励

精神激励同样是一种不可或缺的激励方式。企业应使用精神激励让员工意识到工作的意义,激发他们对实现自我价值的渴望。精神激励的方法很多,常见的有以下几种:

(1)荣誉激励。对员工的精神激励,可以通过授予荣誉来进行。企业可以每年评选出"优秀员工""优秀管理者"等,以提高员工工作的积极性。

(2)情感激励。企业应重视员工的情感需求和精神世界,通过鼓励、关怀、赞美和批评等方式,增强与员工之间的情感联系,营造融洽的工作氛围。情感激励的目的是让员工感受到在企业中受到尊重,激发他们为企业奋斗的热情,实现企业与员工的"双赢"。

(3)参与激励。员工参与企业管理的程度越高,越能调动他们的工作积极性。通过参与企业管理,员工能够产生归属感和认同感,更加积极地投身企业发展。因此,企业应为员工参与企业管理提供机会。具体来说,企业需要建立完善的管理者与员工沟通的渠道,确保每位员工都能为企业决策提供意见和建议。对于提出正确意见和建议的员工,企业应给予适当的奖励。

作为两种不同的激励类型,物质激励与精神激励相辅相成、缺一不可。仅依赖物质激励或许能在短期内提高员工的积极性,但随着时间推移,其效果会逐渐减弱,难以形成稳定、可持续的长效激励机制。

过于频繁的物质激励是不合理的，可能导致边际效用递减、目标扭曲等恶性循环和资源浪费。而精神激励可以弥补其不足，激发员工产生自驱力，使他们更加自觉和主动地投入工作。

总之，只有将物质激励与精神激励相结合，才能达到最佳激励效果，真正激发员工的活力。

二、即时激励+长期激励，提高激励效果

企业的激励制度往往不是单一的，从效果上来看，多种激励方式相结合能发挥出更好的激励作用。为了激发员工的工作热情，许多企业采用即时激励的方式对员工进行激励，即在员工的工作取得一定成果后，立刻对员工进行激励，及时满足员工对激励的诉求。

然而，仅有即时激励是远远不够的。对于只关注眼前利益的部分员工来说，即时激励或许有效，但对于那些更注重长期价值的高级人才来说，这种激励方式可能并不足以吸引他们。因此，要让激励制度真正发挥作用，企业必须将即时激励与长期激励相结合，充分发挥它们的优势，实现优势互补。

某企业自成立以来发展迅速，引进了大量优秀的管理和技术人才，并建立了一套完善的工资、奖金收入分配体系。一家专门从事企业股权事务外包业务的机构对该企业进行了前期调研。其认为，为了更好地适应未来的战略规划和发展，巩固核心团队，该企业需要重新调整和明确产权关系。

企业选择实施股权激励的目的不应仅限于对企业现有财富的重新分配，更重要的是让企业管理者和核心骨干成员共享企业未来的成长收益。这有助于增强企业股权结构的包容性，使核心团队更加紧密地凝聚在一起，从而更好地发挥各自的能力。

因此，该机构为这家企业设计了一套多层次的长期激励计划。以股份

期权为主要激励方式,主要授予对象为高管以及技术骨干。企业允许激励对象在未来一段时间内,以预定的价格买入一定数量的股份。

这一方案充分结合了即时激励与长期激励,完善了企业的股权激励体系。通过股份期权激励的方式,该企业既实现了对员工的即时激励,又强化了员工对企业发展的期望。

只有将即时激励与长期激励充分结合,才能最大化地发挥激励作用。优秀的企业不仅要在员工取得成绩时及时给予激励,还应结合企业的发展现状和目标制定长期的激励制度。

第二节 明确激励的要点

在制定激励制度时,企业需要明确一些激励要点,如打造公平且有激励性的薪酬体系、设置多重福利、设置榜样等。这些要点可以强化企业的激励效果。

一、打造公平且具有激励性的薪酬体系

在制定激励制度时,企业首先需要设计公平且有激励性的薪酬体系,以激发员工的工作活力。设计薪酬体系时,企业可以从三个方面入手,如图7.1所示。

1. 制定明确的薪酬基础标准

一般来说,员工获得薪酬的条件有两个:一是员工的工作能力符合岗位

```
        01  —— 制定明确的薪酬基础标准

设计完善的薪酬体系 —— 02

        03  —— 因岗位而异进行薪酬设计
```

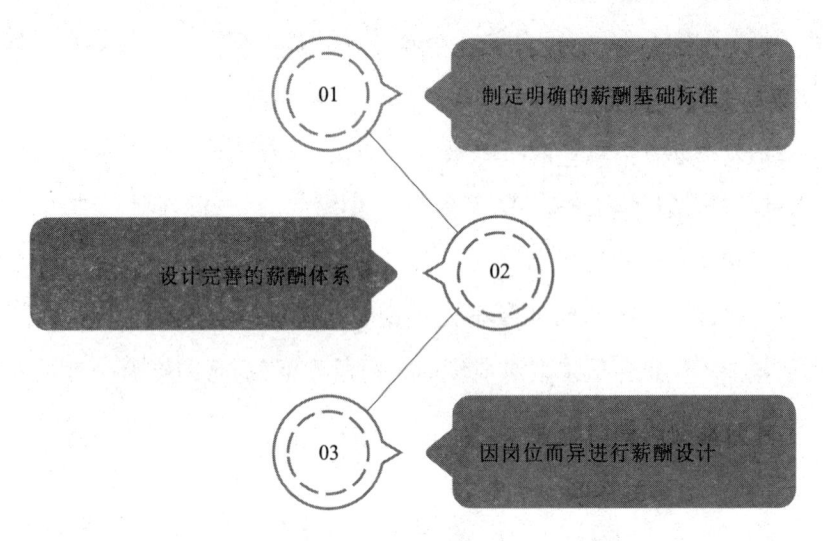

图 7.1　企业设计薪酬体系的三个方面

的要求；二是员工按照岗位的任职要求做出一定成果的具体工作表现。对此，企业需要将团队的年度经营活动进行分解，明确各岗位的任职要求。人力资源部门按照岗位的任职要求招聘员工，员工根据岗位规定的工作职责进行工作。岗位的任职要求和员工的工作职责是企业制定岗位薪酬的基础和标准。

2. 设计完善的薪酬体系

完善的薪酬体系不仅能够为员工发放应得的报酬，还能为员工的发展提供方向指引，使员工的薪酬水平不断提升。完善的薪酬体系应包括员工的固定薪酬、业绩薪酬和员工福利等。在设计薪酬体系时，企业需要保证公平性，具体来说，企业应做到以下三点：

（1）保证员工薪酬的内部公平。薪酬的内部公平是指员工的薪酬要能合理地反映出企业各岗位对企业整体业绩的贡献，并能够突出不同贡献之间的薪酬差距。企业需要从岗位知识技能要求、岗位能力要求以及岗位责任大小三个方面进行分析，根据分析结果确定薪酬差异范围，进而设立岗位薪酬级别阶梯。

（2）保证员工薪酬的外部公平。外部公平是指企业制定的薪酬标准应具有市场竞争力。一方面，企业在设计各岗位薪酬级别时，需要参考同行业其他企业的薪酬水平，确保薪酬对求职者有一定的吸引力；另一方面，企业还需定期了解行业内的薪酬变化情况，确保自身的薪酬水平始终保持竞争力。

（3）对员工进行业绩考核，为员工提供业绩薪酬。业绩薪酬能够使员工的工作成果在薪酬中有所体现，有利于提升员工的工作积极性。

3. 因岗位而异进行薪酬设计

企业内部往往有多个岗位，如技术岗位、管理岗位、销售岗位等。岗位不同，薪酬提升空间也不同。企业要根据不同的岗位和工作职能为员工设计薪酬。因此，企业必须熟悉不同岗位的职业发展规划，完善员工培训制度，给员工提供能够提高自身能力的机会。随着员工能力的提高，其业绩也会相应提升，进而促使薪酬级别提升。

这样不仅能提升企业的效益，还能让员工认识到自己的付出与收获是成正比的。只有实现多劳多得，员工才能得到正向激励，进而不断提高业绩水平。

二、关注员工需求，设置多重福利

福利是吸引、留存和激励员工的重要手段。通过建立完善的福利激励制度，企业可以提高员工的工作积极性和对企业的忠诚度，从而激发员工的活力。

在设置福利方面，除了法律规定的福利，如养老保险、医疗保险、失业保险、工伤保险等，企业还可以为员工提供一些额外的福利，如免费工作餐、交通补贴、住房补贴等。这些福利能够在很大程度上提高员工的工作积极性和对企业的忠诚度。

企业为员工提供哪些自愿性福利需要结合企业的经营效益来决定。企业可以在员工需求的基础上，增加新的福利待遇。以下是常见的自愿性福利：

1. 免费工作餐

许多企业会为员工提供免费的工作餐或固定的午餐补助。然而，免费午餐可能不会对员工产生太大的激励作用，因为在许多员工看来，这是企业应该提供的福利。但如果企业有能力，还是应该提供这项福利，以免员工感到不满意。

2. 交通服务或者交通补贴

一些企业也会为员工提供交通方面的福利。例如，为集中居住在某些区域的员工提供交通服务，可以方便员工通勤，从而提高他们的工作效率并降低企业的成本。但如果员工数量众多且居住地不集中，企业可以选择采用现金补贴的方式给员工提供交通福利。

3. 住房福利

提供住房福利已成为吸引和留住人才的一个重要方法。许多企业通过多种形式提供住房福利，以帮助员工降低生活成本。这些形式包括现金津贴、房屋贷款、个人储蓄计划、利息补助计划以及提供员工宿舍等。尤其对于年轻且有购房需求的员工来说，住房补贴可以解决他们的燃眉之急。

4. 购车福利

如果企业的效益比较好，不妨为员工提供购车福利。此举不仅有助于缓解公司的用车压力，还能起到留住人才的作用。例如，方太厨具公司为其高层管理人员提供无息购车贷款，帮助他们解决出行问题。

5. 养老保险补充

为员工提供补充养老保险也是许多企业的一个重要福利。这不仅符合社保的要求,还能吸引人才,为员工提供更合理的退休福利保障。补充养老保险的费用由企业承担,而不是员工承担。

6. 文化娱乐体育设施

当企业的员工偏向年轻化时,企业应关注员工的业余生活,提高他们的心理健康水平,从而提高他们的工作效率。如果企业员工数量众多,那么企业可以提供多种相应的活动。企业也可以借助社会上已有的文化娱乐体育设施,例如,与经营者协商以较低的价格让员工享受这些服务。

7. 教育福利

教育福利是针对员工的一项重要福利,主要指为员工提供教育方面的资助,包括为员工支付正规教育课程的学费、学位申请的相关费用以及非岗位培训的费用。此外,一些公司还会为员工报销书本费和实验材料费用。例如,金蝶软件公司为其高层管理人员提供免费的中欧国际工商管理学院的 EMBA 教育课程。

企业在为员工提供教育福利时,也应当注意其中存在的风险。员工在学成之后有可能会选择离开公司,这会给公司带来一定的损失。因此,企业在考虑是否为员工提供教育福利时,应当权衡利弊得失,确保决策合理。

福利激励与员工的切身利益息息相关,运用得当,就能极大地激发员工的活力。通过合理的福利设置,企业可以激发员工的工作动力,促使他们在工作中取得更好的成绩。为了实现这一目标,企业可以根据员工的不同表现设置不同的福利,以激励员工不断进步和努力。

三、设置榜样,发挥优秀员工的带头作用

在完善激励制度时,企业可以采用榜样激励的方式对员工进行激励,通

过榜样的感染力和激励作用，激发员工的积极性和工作动力。

但是，如果企业在树立榜样时未能采取正确的方法，榜样的激励作用将大打折扣，难以达到预期的效果。那么，企业如何做才能更好地发挥榜样的激励作用呢？如图7.2所示。

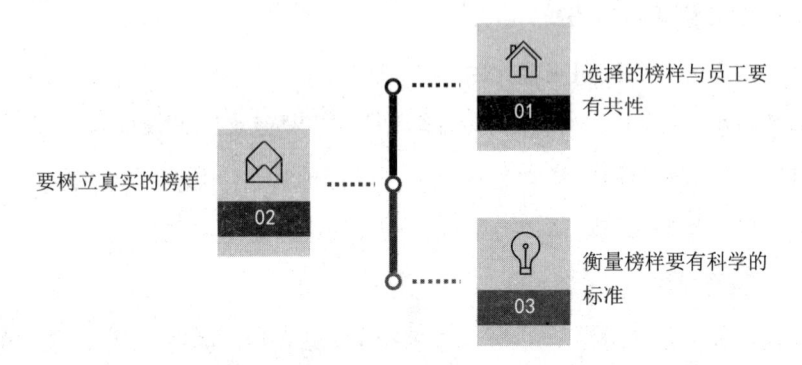

图7.2 如何发挥榜样的激励作用

1. 选择的榜样与员工要有共性

在选择榜样时，企业应挑选那些与大部分员工经历相似、具备共性的人物。这样的榜样更容易引起员工的共鸣，促使他们积极学习榜样的行为。此外，企业应为各部门和各岗位设定独特的榜样，确保每个员工都能找到学习和想要超越的对象。

2. 要树立真实的榜样

为了确保榜样的激励作用，企业应选择真实而非完美的榜样。榜样并非没有缺点，而是在员工中脱颖而出的优秀人物。他们的工作可能并非完美，但他们的思想进步和工作表现得到了其他员工的认可。这种真实的榜样能够激发其他员工的学习欲望，使他们更加信服并愿意效仿。通过学习榜样的优点和长处，员工可以不断提升自己的能力和素质，为企业的发展作出更大的贡献。

3. 衡量榜样要有科学的标准

在考虑员工是否具备成为榜样的资格时，企业应将重点放在其对企业的贡献上,而不仅是考察其是否具备勤俭、刻苦等品格。

榜样能够发挥有效的激励作用,因为实际行动比言语教导更能影响人。企业应充分利用榜样的力量,通过他们的示范和引领,激发员工的工作积极性和创造力。这样不仅有利于员工个人的发展,还能促进企业的团结和进步。

第三节 以股权绑定利益,实现长久激励

股权激励是一种长期激励手段,通过授予员工股权的方式让员工的利益与企业的利益绑定在一起,提升员工对企业的责任感,激发员工的积极性与创造性。

一、股权激励认知升级

在实施股权激励之前,企业需要深入理解其本质,以选择合适的激励方式。

1. 企业要明确股权激励分配的是增量而非存量

不少企业容易陷入误区,认为股权激励是将管理者的股份分给优秀员工,即分配的是存量。实际上,股权激励涉及的是增量的分配。

企业原本只能获得 100 万元的盈利,由于员工的努力,盈利提升至 200 万元,那么从增加的 100 万元中拿出一定比例作为激励发放给员工是合理的。股权激励的核心在于奖励那些努力提升业绩的员工,当企业通过员工的努力

获得更多的盈利时,就可以将增量利益拿出来激励员工,与员工共享。因此,从本质上讲,股权激励与企业的发展和成长是紧密相连的。只有当企业的盈利更加丰厚时,员工才有机会获得相应的股权奖励。

2. 股权激励有助于建立利益共同体

在传统的激励方式下,员工分享的是现有利益,无法真正打动他们。而股权激励将员工的利益和企业的利益紧密地绑在一起,员工获得股权并成为股东后,企业的收益直接影响到他们的收入。这种利益共同体关系促使员工更加积极主动地为企业目标而努力工作,从而实现企业的长久发展。

综上所述,股权激励作为一种有效的长期激励手段,能够促进员工和企业的共同成长和发展。通过股权这一纽带,企业与员工结成紧密的利益共同体,从而激发员工的积极性和创造力,推动企业的持续繁荣。在实施股权激励时,企业需要深入理解其本质并选择合适的激励形式,以确保充分发挥其积极作用。

二、合理设计股权激励方案

在实施股权激励的过程中,企业需要合理设计股权激励方案,明确参与股权激励的人员、股权如何分配等。具体而言,企业应明确以下要点:

1. 定人员:选择激励对象

在选定激励对象时,企业需要明确一个原则:只要是对企业发展有推动作用的员工,都有可能成为股权激励的对象。但是,有两个关键点需要注意:避免将股权激励作为每个员工的福利,这样会失去激励的作用;避免股权激励只面向少数员工,以免引发中层管理和骨干员工的不满,从而影响激励效果。

2. 定模式：确定股权激励模式

股权激励模式包括股票期权、绩效股份计划、限制性股票奖励、股票增值权等，企业应当对各种股权激励模式的内容、优缺点进行深入了解，然后根据自身情况，有针对性地选择股权激励模式。

3. 定来源：确定股权激励的股票来源和购股资金来源

企业需要确定用于进行股权激励的股票的来源以及购股资金的来源。用于进行股权激励的股票的来源将会直接影响股东的权益、企业现金流等。而购股资金来源则是激励对象需要考虑的一个十分现实的问题。

目前，上市企业股权激励的股票的来源主要有四个，分别是定向增发、股票回购、股东转让和留存股票。企业在确定用于激励的股票的来源时，应该考虑三个方面，分别是合法性，即用于激励的股票的来源需要符合法律法规；经济性，即企业能够最大限度地降低成本；持续性，即股权激励应该避免受到外部因素的干扰，做到长期而稳定。

4. 定价格：确定股权激励的价格

企业需要确定激励对象购买激励股票的价格，即行权价格。股权激励方案实施的关键在于行权价格与市场价格的差价，因此，企业应当制定合理的行权价格，确保股权激励方案顺利实施。

5. 定时间：确定股权激励的时间节点

股权激励是一个需要长期执行的员工激励制度，如果想要股权激励发挥出良好的作用，起到激励员工的作用，就应该巧妙设计时间节点。合理设计时间节点既能够达到激励员工的目标，又能够促使员工努力工作，始终保持工作积极性。一般而言，企业会设计股权激励有效期、等待期、解锁期等时间点。

6. 定条件：确定股权激励的约束条件

如果股权激励没有约束条件，就会变成单纯的奖励。股权激励的约束条件主要包括授予条件和行权条件。

授予条件指的是激励对象想要获得股权所要满足的条件,如果未满足条件,就无法获得股权。股权的授予方式分为一次性授予和分期授予。

行权条件指的是激励对象行使股权索取权时要满足的条件。企业设置的行权条件往往是业绩考核,在激励对象业绩考核合格的情况下才能行使权利。

股权激励并非简单地将企业资产分配给员工,而是通过特定的制度安排,激发员工对股权的期望,从而促使他们更加努力地工作,推动企业发展壮大。通过股权激励,企业能够将员工的个人利益与企业的利益紧密结合,形成利益共同体。

三、多种方式:干股+实股+虚拟股

股权激励的方式可分为干股、实股和虚拟股三种。这三种方式各有特点,企业可以根据自身现状和需求选择合适的股权激励方式。

干股是指员工未出资而持有的股份。持有干股的员工虽然可以享受分红,但不具备对企业的实际控制权。例如,上海某企业为留住营销总监,给予其10%的干股。营销总监因此成为股东,可定期获得分红,但不参与企业重大决策。若其日后离职,干股自动失效。

实股则是通常意义上的股份,需经过工商注册和出资才能获得,可进行转让。企业通常以折扣价将股份卖给员工或以定向增发方式授予员工,使员工获利。

虚拟股则无须工商注册,持有虚拟股的员工不具备表决权。当企业采用虚拟股的方式进行股权激励时,员工可获得分红与股价升值收益,但没有所有权和表决权。此外,虚拟股不可转让或出售,员工离职后,所持虚拟股自动失效。

企业在选择股权激励方式时,应结合实际情况进行考量。例如,初创企业宜选择实股的方式,以扩大资金来源,而发展稳定的企业则适合采用干股的方式,以留住人才。

四、案例分享:新兴互联网企业的股权激励

当前,一些新兴的互联网企业通常采用股权激励的方式来解决资金不足的问题,并与核心员工建立深度绑定关系。

以某互联网企业为例,该企业共有3位创始人与9位核心员工。为了实现持续发展,该企业决定实施股权激励,具体方案如下:

(1)控制权保持。为了确保创始团队对企业的控制权,该企业决定采用干股的方式对核心员工进行激励。

(2)股权分配。该企业3位创始人的股权比例为A60%、B20%、C20%,总股数为100万股,计划拿出17万股用于激励员工。

(3)核心员工分配。9位核心员工各获得1万股,剩余的8万股作为预留股权池,用于未来进行员工激励。

(4)分红规则。每年净利润的60%为发展基金,40%为股东分红。

互联网企业与生产型企业不同,属于知识密集型企业,强调个体人才的重要性。因此,员工持股在互联网企业中较为常见。尤其是创业型企业,资金压力较大,难以提供高薪资待遇,因此股权激励成为留住人才的实用工具。

上述案例中的企业采用干股的方式对员工进行激励,那么干股激励有什么优势?

干股激励的优势如下:

(1)只有分红权,没有其他权利。

(2)不用变更公司章程。

(3)离职自动失效。

(4)每年分红,具有良好的激励效果。

但是,干股激励也存在不足之处:

(1)每年分红给企业现金流带来较大的压力。

(2)激励时效短,员工可能在获得分红后集中离职。

(3)员工与企业只共享利益,无法共担责任。

在上述案例中,该企业采用了股数(发行股票的数量)这一概念,相较于百分比表示更为直观和易于操作。使用干股进行员工激励,不会涉及每股的具体价值问题。

此外,该企业还预留股权池。这样,在后续对员工进行股权激励时,无须变动现有持股人员的股份,只需从股权池中拿出一部分股权进行即可。这种设计既简化了操作流程,又确保了企业股权架构的稳定性。

企业分红时,通常会提取一部分利润作为企业发展基金和员工保障基金。在上述案例中,企业每年净利润的60%被用作发展基金,而剩余的40%则用于分红。这种分配方式是否合理,需结合企业未来的发展需求和资金需求进行评估。同时,还需要考虑每个员工能获得的分红比例,以避免出现激励过度或激励不足的情况。

为了更好地平衡激励与绩效之间的关系,企业可以将年终分红与员工的年终考评结果相结合。例如,年终考评分数在90分以上的员工可享受个人股数100%的分红;年终考评分数在80～90分的员工可享受个人股数70%的分红;年终考评分数在70～80分的员工可享受个人股数50%的分红;年终考评分数在70分以下的员工则不享受分红。这样的分红方式既能激励员工努力工作,又能确保企业的长远发展目标得以实现。

第八章

文化构建：以文化纽带连接企业与员工

　　企业文化是在企业长期发展中形成的独特价值观和行为规范，是推动企业发展的强大动力。为了增强企业的凝聚力和竞争力，企业必须重视企业文化的构建。管理者在企业文化构建中扮演着重要角色，他们不仅要掌握构建企业文化的方法，还需要确保文化在企业管理的各个环节实现有效落地。

第一节　认知拆解：建立正确的文化认知

在构建企业文化之前，管理者需要对企业文化建立正确的认知。这包括理解企业文化的构成要素，以及避免陷入对企业文化的常见认知误区。只有在正确认知的基础上，管理者才能构建符合企业发展的企业文化。

一、多重构成要素

企业文化由三大要素构成：精神文化、制度文化和物质文化。

1. 精神文化

企业的精神文化，包括愿景、使命和价值观等，展现了企业的核心特质。使命，即企业追求的崇高理想和长远目标，虽难以完全实现，但企业应为之努力。例如，阿里巴巴的使命是"让天下没有难做的生意"。

愿景，是企业设定的中长期、可实现的目标。例如，阿里巴巴的愿景为"追求成为一家活102年的好公司"。

价值观是人们对价值的判断标准，反映了人们对事物价值的看法和观念。例如,阿里巴巴公司的价值观中有一条内容为"客户第一,员工第二,股东第三",这是员工必须遵守的基本准则。如果员工违背了这个价值观,无论其业绩多么优秀,都可能面临管理风险。

价值观是企业的灵魂和基石,为员工提供了道德规范和行为准则。企业需要坚守自己的价值观,并确保员工在日常工作中践行价值观。只有这样,企业才能保持稳定、健康发展,赢得客户的信任和忠诚。

2. 制度文化

企业的制度文化作为企业文化的核心组成部分,主要涵盖了企业的规章制度、道德规范和行为准则。这些制度旨在规范员工的行为,确保企业高效运行。

制度体系作为企业工作制度的总和,必须与企业文化保持高度的一致性。仅仅依靠文化的软性约束来管理员工是不够的,这样会导致企业缺乏纪律性。因此,刚性的制度约束至关重要,它能够增强企业的规范性,确保各个部门和环节的高效协作。

此外,企业风俗也是制度文化的一部分。企业风俗是企业在长期发展过程中形成的特色活动,如体育比赛、店庆等。它们不仅是企业文化的体现,也是员工之间互相交流、增进感情的重要方式。根据表现形式的不同,企业风俗可以分为风俗习惯和风俗活动。前者是指企业内部的传统做法,如春节期间挂灯笼、贴对联等;后者则是具有风俗色彩的群众性活动,如春游、运动会等。这些风俗习惯和风俗活动不仅有助于增强员工的归属感,还能促进企业内部的和谐与稳定。

3. 物质文化

企业的物质文化是企业表层文化的具体表现,由企业创造的产品和各种设施构成,能够直观地反映出企业的运营思想、作风和审美观念。物质文化主要包括以下几个方面:

(1)企业的标志、商标。

(2)企业的建筑风格、工作环境、生产环境等。

(3)产品的包装设计、样式、质量等。

(4)企业的文化生活设施。

(5)企业的服装、歌曲等。

(6)企业的礼品和纪念品。

(7)企业的刊物、报纸、宣传栏、广告牌等。

具体来说,企业办公环境的装饰风格、是否设有茶水间和休息室、员工是否需要穿着统一制服等,都是物质文化的具体表现。这些细节不仅反映了企业的审美观念,也体现了企业管理者的管理风格和企业文化的基本精神。因此,物质文化是企业文化中不可或缺的重要组成部分,对于塑造企业形象、提升员工归属感和提高企业竞争力等都发挥着重要作用。

二、明辨误区,建立正确认知

企业文化构建过程中通常存在两大误区,即片面理解企业文化、在文化宣传上重视表面工作。

1. 片面理解企业文化

很多管理者对企业文化的理解存在误区、过于片面。例如,一些人认为企业文化就是老板文化,即老板的个性或决策决定了企业文化。这是对企业文化的一种片面认知。企业老板对企业文化的影响是不可忽视的,他们通过自身的言行和决策,为企业文化的发展提供了重要的引导。然而,老板的个性或决策并不能直接等同于企业文化。企业文化是一个更为广泛的概念,它涵盖了企业的价值观、使命、行为准则等多个方面,是企业在长期发展过程中逐渐形成和固化的。

同时，许多管理者认为企业的福利就等同于企业文化，认为通过提供工作福利和娱乐设施就能满足员工对企业文化的需求。因此，他们为员工提供生日红包、餐补等福利。然而，福利仅是构建企业文化的一个重要抓手，并不等同于企业文化。

在构建企业文化时，管理者需要避免以上片面理解，理解企业文化的真正含义，对企业文化给予足够的重视。

2. 在文化宣传上重视表面工作

在企业文化宣传方面，一些管理者通常采取一些表面化的方式，例如，制作大量的标语和海报，并贴满办公室和走廊。然而，这种宣传方式只是停留在表面，员工可能不会真正关注这些挂在墙上的标语，在日常工作中也不会践行。这种宣传推广方式是低效的，并不能真正地传递企业文化的内涵和价值。

此外，一些管理者还会要求员工牢记并背诵企业文化的相关内容。虽然员工可能记住了这些内容，但往往并不真正理解企业文化的深层含义，也不知道如何在日常工作中践行。这种推广方式也是低效的，因为它忽略了企业文化的实质和员工的实际需求。

以上误区表明，企业文化不应该仅停留在表面的宣传上，而应该是一种持续的行为和实践活动。管理者需要更加注重企业文化的实质内涵，加强对企业文化的宣传和推广，让企业文化真正地影响员工的行为和思维方式。

为了实现这一目标，一方面，管理者应该切实地进行企业文化的推广。具体而言，可以定期组织员工培训活动，通过讲解、案例分享等方式加深员工对企业文化的认知和理解。同时，管理者还应该与员工保持沟通，了解员工的反馈和困惑，及时解答他们关于企业文化的疑问。另一方面，管理者还需要持续地进行企业文化的推广。这是一项长期而持续的工作，需要制订长期的企业文化推广计划。通过举办各类特色文化活动、福利活动等方式，不断推广和强化企业文化的核心价值和实践意义。同时，将这些内容以规章制度的方式明确下来，形成企业的传统和规范，让企业文化在长期的践行中深入人心。这样，企业文化才能真正地发挥价值，成为推动企业持续发展的强大动力。

为了构建真正有效、先进的企业文化，企业管理者需要规避以上误区，注重员工的反馈和参与、动态调整企业文化的内容。只有这样，才能推动企业实现持续发展。

第二节　具体措施：关注文化打造与持续发展

在构建企业文化的过程中，管理者需要注意三个方面：打造上下一致的共同愿景；通过文化建设建立企业内的情感纽带；关注文化升级，使企业文化长久保持活力。

一、打造共同愿景，凝聚战斗力

共同愿景是指引领企业发展、员工发展的统一愿景，是企业凝聚力和战斗力的重要体现。在建设企业文化的过程中，企业需要与员工共同构建统一的愿景，以激发员工工作的积极性。

杭州某汽车销售企业成立5年，拥有员工1000余人。某一时期的一个季度，企业销售量大幅下滑，企业的正常运营出现了困难。这导致员工的工作状态不佳，他们对自己的未来感到担忧。

第八章 文化构建：以文化纽带连接企业与员工

面对这种情况，管理者十分担心。他们明白，如果员工长期处于这种状态，将影响企业的长远发展。管理者深究原因后，发现是员工的愿景与企业的愿景产生冲突导致的。因此，打造在企业层面和员工层面具有一致性的共同愿景成为首要任务，以激励员工和企业共渡难关。

为了实现这一目标，首先，管理者向员工宣传正确的价值观和愿景的意义，解释企业愿景与员工愿景之间的关系。通过这些宣传活动，引导员工树立与企业愿景具有一致性的愿景。

其次，管理者收集了员工结合自身工作提出的实际愿景，并进行了整理和总结，对不明确或不正确的愿景进行了调整，最终确定了员工的愿景。

最后，在落实愿景的过程中，管理者与员工进行了深入的沟通。他们听取了员工在发展目标、愿景以及自身价值的实现等方面的意见。根据员工的愿景、特点和岗位要求等因素，管理者为不同员工制定了有针对性的帮扶措施。这些措施有效地解决了员工在个人成长方面所遇到的困难，成功地将员工愿景融入企业愿景，实现了企业愿景与员工愿景的统一。

愿景的统一极大地提高了员工工作的积极性，增强了他们对工作的使命感，员工的情绪很快稳定下来。虽然该企业的财务问题尚未彻底解决，但在员工的努力下，企业的销售额逐渐提升。

建立企业与员工的共同愿景能够激发员工的使命感，提高他们的工作积极性。树立共同愿景需要满足三个条件：一是得到所有员工的认同；二是保证所有员工都是自愿实现共同愿景的；三是让所有员工都能够体会到为共同愿景奋斗的意义，从而激发他们的使命感和潜能。

在树立共同愿景时，管理者需要注意以下几点：

（1）在建立共同愿景的过程中，管理者与员工要加强交流。只有在交流中，人们的愿景才能达成共识。管理者要善于发现员工的想法，了解他们的价值观和愿望。面对不同的员工，管理者要采用不同的激励方法，对其做不同的思想工作。

(2)管理者要经常向员工宣传企业愿景,以引导他们的思想。

(3)管理者需要注意,随着企业内外部环境的变化,共同愿景也应灵活变化。但无论怎样变化,都要保证员工愿景与企业愿景的一致性。

共同的愿景能够激发员工工作的积极性,凝聚企业战斗力。因此,对于企业而言,树立共同愿景是非常重要的。这不仅有利于企业的发展,还能确保员工工作方向的正确性并推动其成长。

二、以企业文化建立情感纽带

在建设企业文化的过程中,管理者需要促使员工间形成情感纽带,以加强员工间、企业内部的信任与协作。

杭州某文化传播企业的管理者非常注重通过企业文化建立员工间的情感连接。为了实现这一目标,他组织了一系列活动。例如,在新员工入职时,他会组织全体员工开展迎新活动。在迎新活动中,新老员工一起参与各种游戏、自由畅谈等,从而建立了联系,强化了情感连接。

一些员工间的联系仅停留在表面,他们视对方为工作中的合作伙伴,同时也视对方为争夺奖励和晋升机会的竞争对手。然而,为了充分激发企业的创造力和潜力,员工间需要建立更为深厚的情感连接。

员工都渴望获得归属感,而当员工感受到彼此之间的情感连接并建立信任时,他们的归属感会更加强烈。员工之间的关系不能仅限于工作关系,否则他们只会成为松散的同盟。如果建立了更深刻的情感连接,员工就能在工作中体验到满足、自豪等积极情感。

信任的纽带为员工之间的情感交流奠定了基础,并能激发员工的创造力。创造力依赖于员工的风险承担意识,当员工相信团队中的其他成员会给予自己支持时,他们更愿意承担风险。在充满信任的环境中,员工会感到更安全,从而更愿意进行更具风险但也更具创造力的创新活动。

那么,管理者应如何帮助员工建立信任关系呢?

首先,管理者需要对员工充满信心,并给予他们一定的自由空间。如果管理者制定过于严格的规则和条例,可能意味着他们对员工的工作能力缺乏信任。这些规则和条例限制了员工的行动,不利于员工创造力的释放。长此以往,企业的凝聚力会降低,共同目标将无法有效地引导员工。

其次,在建立员工间的情感纽带时,管理者需要避免陷入陷阱。虽然建立纽带关系可以提高员工的战斗力,但过于紧密的联系不利于团队的健康发展。

那么,管理者如何找到理想的平衡点呢?关键在于公开地讨论重大决策。当企业成员间的联系过于紧密时,可能会形成不同的小团体。这些小团体对决策可能会有不同的意见和建议。为了维护团队的和谐氛围,管理者需要开诚布公地讨论重大决策,并倾听不同员工的意见。通过持续关注和纠正员工的错误思想,企业的氛围会更加和谐。

三、把握流程,推动文化升级

企业文化构建是一个长期的过程。随着企业的发展,现有的企业文化可能无法满足新的需求,因此需要进行升级,以激发其活力。企业文化升级的流程如图 8.1 所示。

1. 描述现有企业文化

在开始企业文化变革之前,管理者必须深入了解现有的企业文化是如何影响员工的行为以及他人对这些行为的反应。因此,首要步骤是详细描述现有的企业文化。

01	描述现有企业文化
02	构建新的企业文化体系
03	制订文化管理计划
04	执行文化管理计划
05	进行文化监控

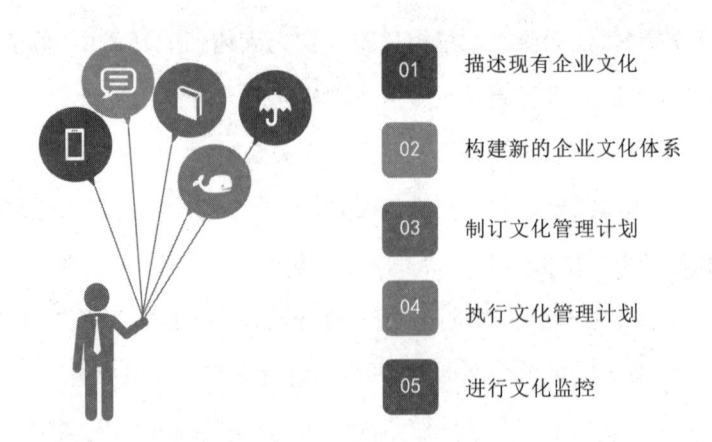

图 8.1 企业文化升级的流程

2. 构建新的企业文化体系

构建新的企业文化体系是企业文化升级的第二步。每个企业都有自己的目标，而这些目标的实现需要得到企业文化的支持。然而，许多管理者未能充分认识到这一点，仅从文化的角度出发，制定了一些与企业实际发展情况不匹配的价值观。结果是，这些价值观往往只是表面上的装饰，员工虽然记住了这些口号，却无法将其融入实际工作。因此，在构建新的文化体系时，管理者必须结合企业战略和企业目标，确保企业文化与之相匹配。

3. 制订文化管理计划

企业中的各种制度是相互关联的，某一制度发生微小的变化就有可能给企业带来重大的影响。在进行企业文化升级之前，管理者必须制订一个详细的计划，为员工的行为提供指导和规范。计划中应包括文化升级的模式、涉及的部门、阶段和进度、人员安排等内容，以确保整个升级过程的连贯性。此外，在计划中明确指出支持因素和阻碍因素也是非常重要的。

4. 执行文化管理计划

在执行文化管理计划的过程中，管理者需要提出切实可行的企业文化升级措施。由于企业文化升级需要全体员工的参与，因此管理者必须关注员工观念和行为的转变。这要求管理者对员工进行系统的培训,如企业文化理念培训、员工行为培训等,使员工对新的企业文化体系有明确的认识,最终实现心理上的认同和行为上的一致。

5. 进行文化监控

许多管理者都曾遇到这样的情况:尽管制订了完善的企业文化升级计划,但实施后企业没有变得更好。这可能是因为文化的回归性和惯性破坏了企业所做出的努力。因此,管理者需要对升级后的文化进行持续巩固,调控和追踪新文化,确保其持续发挥作用并达到预期效果。

对于企业而言,企业文化是一笔宝贵的财富。管理者必须关注企业文化的升级,不断创造新的竞争优势。只有主动进行企业文化升级,才能形成具有个性和竞争力的企业文化,从而对企业经营产生积极影响。

第三节　多环节践行企业文化

成功构建企业文化后,管理者须确保其在实际管理中的落地。这不仅涉及招聘、培训、考核等关键环节,还要求企业文化与企业管理深度融合。只有这样,企业文化才能发挥其独特的引导作用,为企业的稳健发展提供有力支持。

一、招聘:注重价值观考察

管理者需要将企业文化落实到招聘环节,即在招聘过程中寻找与企价值观相匹配的人才。只有价值观相匹配,招聘到的新员工才有可能长久地留在企业中,在企业文化的引导下发挥更大潜力。

在招聘员工时,管理者需要注意以下几个方面:

1. 别让"光环"遮住了眼

在寻找合适的人才时,管理者常常会设定各种标准,如学历、年龄、行业背景等。在面试过程中,管理者可能会过于关注这些标准,被求职者在这些方面拥有的"光环"吸引,从而忽视对求职者价值观的考察。事实上,即使求职者能力出众,如果其价值观与企业价值观不符,那么他们可能无法与企业共同成长。因此,在招聘过程中,管理者需要认真分析求职者的价值观是否与企业价值观相契合。

2. 愿意相信故事的才是适合企业的

每个企业都有自己的故事,这些故事包含了企业的创业历程、发展历程和未来发展方向。通过向求职者讲述这些故事,管理者可以了解他们对这些故事的看法。只有那些愿意相信企业故事的求职者,才能树立与企业一致的信念。

这样的人能够更快地融入企业,为企业的发展目标而努力。因此,与其在企业中大力宣传企业文化并试图改变员工的信念,不如在招聘时就选择与企业价值观一致的人才。

3. 设置合适的问题了解对方价值观

在招聘过程中,管理者可以通过提问一些关于价值观的问题来了解求职者的价值观是否与企业所倡导的价值观相匹配。

例如,管理者可以询问求职者以下问题:

(1)在你过去的工作经历中,你认为哪些行为对团队合作不利?应当如何解决这一问题?

(2)你认为团队凝聚力的原动力是什么?

(3)在你过去的经历中,有哪些和他人合作取得成功的案例?

通过分析求职者给出的答案,管理者可以判断其在处理问题时是否持有正确的价值观。同时,在求职者讲述案例的过程中,管理者还可以了解其与他人合作的能力以及在合作遇到问题时的应对方式。这样可以帮助管理者判断求职者的价值观是否与企业所倡导的价值观相匹配。

二、培训:提高员工对价值观的认同感

在入职初期,由于对企业及个人发展缺乏了解,员工往往难以对企业产生归属感。此时,通过入职培训加强员工对企业文化的认知与了解,可以有效地提高员工对企业文化的认同感,进而培养他们的归属感。这种归属感在后续的企业管理过程中将发挥重要作用,为企业的稳定发展提供有力支持。

员工入职培训是向员工传递企业文化、推动企业文化落地的关键环节。许多企业通过入职培训,及时向员工普及企业的核心价值观,让他们了解企业的历史、文化和发展愿景。这种培训不仅有助于员工更好地融入企业,还能提高他们对企业的认同感。

在入职培训中,除了企业价值观的培训,职业道德教育也是重要的一环。通过明确的职业道德教育,员工可以清楚地了解在企业价值体系中哪些行为是被倡导的,哪些行为是明令禁止的。

在对员工进行价值观培训时,企业需要系统地向员工阐述企业的各种文化理念和核心价值观。此外,清晰地阐述企业的发展战略、年度运营规划及经营理念也是必不可少的。

为什么要重视价值观的培训?首先,员工的工作动力来源于内心,而统一的价值观能够使员工更加团结。当员工明确了解企业的愿景后,他们才

会有动力去追求并实现这一愿景。其次,拥有相同价值观的员工在工作中能够更好地协作,发挥出更大的价值。最后,这不仅有助于调整员工的心态、激发他们的工作责任心和担当精神,还有助于员工更快地融入企业、投入工作。

一些企业在引导员工认同企业价值观时,采取了个性化的培训方法。例如,某家广告企业在入职培训中,通过分享成立初期成功与失败的经历,引申出对"创意"和"自我塑造"的深入探讨。而企业的员工代表分享经验时,讲的并非单纯的努力工作,而是与同事相处中的有趣经历。这样旨在营造出一种年轻、活泼的氛围,使员工更容易对公司产生认同感,从而更好地接纳并践行企业的价值观。

为了进一步激发员工的使命感,管理者应鼓励他们为实现个人价值和企业价值而努力工作。当员工将企业目标视为自己的工作使命时,企业将获得更强大的生命力。这样,员工在践行企业价值观、完成企业任务的同时,也实现了自我价值。

除了培训和引导,管理者还可以通过让员工参与企业的建设活动来提高他们对企业的认同感和归属感。这种参与不仅有助于增强员工的主人翁意识,还能进一步提升他们对企业的忠诚度。

三、考核:引导员工践行企业文化

在绩效考核环节,将企业文化融入其中,是促使员工在工作中践行企业文化的有效方式。当前,许多企业从工作态度、工作素质等方面对员工的价值观进行考核,但效果并不理想。那么,如何将企业文化与绩效考核相结合,以引导员工的行为呢?

首先,企业需要做好价值观方面的顶层设计,明确价值观是什么。例

如,阿里巴巴的价值观包括以下内容:

(1)客户第一,员工第二,股东第三。

(2)因为信任,所以简单。

(3)唯一不变的是变化。

(4)今天最好的表现是明天最低的要求。

(5)此时此刻,非我莫属。

(6)认真生活,快乐工作。

其次,为了实现对价值观的考核,企业需要将价值观量化为落地的具体规范,并制定相应的评分标准。同时,明确价值观的考核方式,根据考核结果对员工进行分类,并进行有针对性的管理。例如,阿里巴巴对每条价值观都进行了详细的"行为描述",这些描述也是价值观的评分标准,见表8.1。

表 8.1 阿里巴巴价值观与行为描述

价 值 观	行为描述
客户第一,员工第二,股东第三	心怀感恩,尊重客户,保持谦和 面对客户,即便不是自己的责任,也不推诿 把客户价值当成我们最重要的KPI 洞察客户需求,探索创新机会
因为信任,所以简单	诚实正直,言行一致,真实不装 不唯上欺下,不抢功甩锅,不能只报喜不报忧 善于倾听,尊重不同意见,决策前充分表达,决策后坚决执行 敢于把自己的后背交给伙伴,也能赢得伙伴的信任
唯一不变的是变化	面对变化不抱怨,充分沟通,全力配合 对变化产生的困难和挫折,能自我调整,并正面影响和带动同事 在工作中有前瞻意识,建立新方法,新思路 创造变化,带来突破性的结果
今天最好的表现是明天最低的要求	认真踏实,完成本职工作 保持好奇,持续学习,学以致用 不为失败找借口,只为成功找方法,全力以赴拿结果 不满足于现状,不自我设限,打破"不可能"的边界
此时此刻,非我莫属	独立思考,独立判断,不随波逐流 工作中敢于做取舍,敢于担责任 打破边界,主动补位,坚持做正确的事 在需要的时候,不计较个人得失,挺身而出,勇于担当

续上表

价 值 观	行为描述
认真生活，快乐工作	工作只是一阵子，生活才是一辈子，工作属于你，而你属于生活，属于家人 像享受生活一样快乐工作，像对待工作一样认真地生活 只有认真对待生活，生活才会公正地对待你 每个人都有自己的工作和生活态度，我们尊重每个阿里人的选择 这条价值观的考核，留给生活本身

阿里巴巴将员工的表现与每条价值观的行为描述做对比，符合得1分，不符合得0分。其中，"认真生活，快乐工作"是其倡导的价值观，不纳入考核范围。剩下的五条价值观每条包括四个行为描述，考核总分共计20分。

阿里巴巴通过自评和他评两种方式对员工的价值观进行考核，并根据考核结果将员工分为三档。

A档：能够超越自我，和组织融为一体，获得广泛好评。这类员工是企业的标杆人物。

B档：言行表现与阿里巴巴的价值观相符，总体来说，是一位合格的阿里人。

C档：缺乏基本的素质，突破价值底线。这类员工需要进行改进。

如果哪位员工连续两个考核周期都为C档，则会被淘汰。

在将企业价值观融入考核体系方面，企业可以借鉴阿里巴巴的价值观考核方法。首先，明确企业的价值观，并将其细化为具体的行为描述。其次，将员工的行为与行为描述进行对比，对员工的价值观进行考核。这样的考核方式不仅能够使员工明确企业的底线和做事的规则，还能规范员工的行为。

在对员工进行价值观考核时，管理者要关注员工工作中的细节，确保所有考核评价都是基于事实的，而不是主观推断。这样可以保证考核的公正性和客观性，让员工更加认同企业的价值观。

第九章

用户维护：以优质服务沉淀更多用户

———

　　用户维护是企业与用户建立良好关系的重要方法。在激烈的市场竞争下，企业只有维护好用户关系，为用户提供优质服务，才能获得用户的认可，进而获得竞争优势。用户维护的核心是关注用户需求，加强企业与用户间的互动，为用户带来良好体验。在用户维护方面，企业需要做好用户洞察，不断提升自己的服务水平。

第一节　用户洞察：以用户画像明确用户需求

要想做好用户维护，企业首先要做好用户洞察。在进行用户洞察时，企业可借助用户画像明确用户需求，并基于数字技术实现更有针对性、更高效的用户维护。

一、绘制用户画像，明确用户群体

用户画像是企业对用户特征及行为的描绘，有助于企业更细致地分析客户，进而进行精细化的用户运营。用户画像由一系列标签组成，这些标签可以分为静态标签和动态标签两大类。

静态标签主要包括用户的性别、地域、年龄、兴趣、消费水平和消费习惯等。动态标签则通过分析用户的行为获得，如互联网浏览记录、购买行为等。大数据和云计算技术能够精准地识别这些动态标签，并将它们整合到用户画像中。

在绘制用户画像时，企业需要遵循步骤如图9.1所示。

第九章 用户维护：以优质服务沉淀更多用户

```
明确用户画像维度
明确用户调研形式
进行数据分析
输出用户画像
```

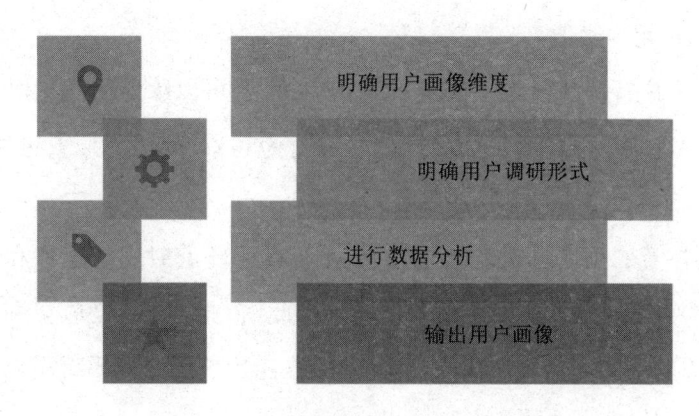

图 9.1　绘制用户画像时需要遵循的步骤

1. 明确用户画像维度

企业需要明确用户角色和业务发展目标，基于目标用户群体，结合业务目标确定用户画像的大致维度。同时，企业应该将自身业务实际情况与用户画像相结合，对用户信息进行筛选。此外，不同端口的信息维度往往不同。例如，B端更加关注用户的工作能力、工作内容等；而C端更加关注用户的性别、年龄、爱好和收入等。

2. 明确用户调研形式

企业需要根据用户、精力、时间和资金预算等因素，选择合理的调查方式采集用户信息，如问卷调研、电话邀约、微信沟通等。常用的用户调研方式大致分为三种：第一种是定量分析，包括数据分析、调查问卷等；第二种是定性分析，包括访谈法、数据研究；第三种是定量和定性分析相结合等。

3. 进行数据分析

在收集了用户数据之后，企业需要深入分析这些数据，并将其转化为有价值的营销信息。要实现这一目标，企业需要确定用户的关键行为变量，以便更好地理解他们的需求和偏好。通过对用户行为数据的分析，企业可以归纳出用户的行为模式，并预测他们未来的行为趋势。

4. 输出用户画像

在对用户特征和行为特性进行总结后，企业可以绘制出用户画像的基本框架，并进一步描述用户的属性信息和行为场景，使用户形象更加真实、丰满。

需要注意的是，用户画像不是一成不变的。随着时间的推移和市场的变化，用户画像也需要不断更新和调整。因此，企业需要定期收集和分析用户数据，以验证和完善用户画像，确保其始终能反映用户的最新需求和市场趋势。

二、借数字技术洞察用户，助力用户运营

在绘制用户画像的过程中，企业可以借助大数据、人工智能等技术，获取海量用户数据，描绘出精准的用户画像并有针对性地进行用户运营。企业可以与一些技术服务商合作，借助其技术优势实现用户的精细化运营，提升用户体验，从而在激烈的市场竞争中脱颖而出。

数字化金融服务商百融云创依靠大数据和人工智能技术帮助金融企业绘制精准的用户画像，使金融产品能够更加精准地匹配用户。同时，百融云创依靠大数据和云计算技术帮助金融企业构建了覆盖多领域、多产品的风险识别体系，帮助金融企业最大化地避免业务与运营风险。

百融云创通过精准勾勒用户画像，将业务风控前置到营销端，提升金融企业获客的精准度，帮助金融企业获取高质量的用户，有效降低了金融企业的获客风险和成本。百融云创依靠人工智能技术深度挖掘和分析金融企业的存量用户，并通过智能营销平台实现对用户的精准营销，并激活大量睡眠用户，为金融企业带来新商机，从而缓解金融企业获客难的问题。

百融云创依托大数据技术为金融企业搭建用户价值系统、用户标签体

系,帮助金融企业实现用户的精准分层。以金融企业的信贷存量用户营销为例,企业能够基于营销成单分、营销响应分,从睡眠用户、流失用户体系中精准对接到贷款需求高的用户,并通过短信和 IVR(interactive voice response,交互式语音应答)等形式进行营销。

在这种情况下,有需求的用户能够及时发现产品、没有需求的用户不会受到打扰,这极大地提升了金融企业产品营销的响应效率,节约了金融企业的营销成本。同时,这也使得企业的用户运营更加精准。

在技术的支持下,企业能够建立精准的用户画像,精准匹配企业产品与用户需求,实现用户的高效运营。

第二节 三大路径有效维护用户

用户关系维护有助于用户留存,提高用户对企业的忠诚度和购买意愿,实现企业收入增长。为了有效维护用户,企业有必要搭建会员体系,加强与用户的沟通,打造社群,以多种手段加深与用户的连接与互动。

一、搭建会员体系,留存用户

会员体系在商业中是一种常见的策略,可以有效留存用户,提高用户的忠诚度,促进用户复购。会员体系的核心逻辑是通过良好的交互设计、切实的会员权益、优质的激励系统,将处于流动状态的用户留存下来,并充分挖掘其商业价值。企业搭建会员体系的要点如图 9.2 所示。

图 9.2　搭建会员体系的要点

1. 设计会员中心

会员中心是连接用户与企业的枢纽，优质的交互设计能极大地提升用户对企业的好感度，增强用户对企业的信任感。在设计会员中心时，企业应充分考虑自身定位及用户偏好，使界面布局具有更高的合理性及交互性，全方位提升用户的使用体验。

2. 设置会员权益

如今，产品同质化日益严重，为用户提供个性化、多元化的会员权益，可以显著增强企业对用户的吸引力，从而提升用户留存率。

会员权益的形式是多样的，视频会员、购物代金券、服务体验券等第三方平台的增值服务也可以作为会员权益。在全方位、多角度地对用户偏好进行分析后，企业就可以针对用户的个性化需求设置会员权益。

3. 划分会员等级

企业可以根据会员的忠诚度、活跃度、消费情况等因素进一步划分会员等级，这样有利于企业更准确、全面地进行会员评估。企业可以为高等级的会员配置更高级别的权益，从而激起会员的升级与消费热情。

在划分会员等级后，企业便可以更有针对性地开展运营活动，挖掘会员的深层价值,实现投入产出比的最大化。

4. 建立积分系统

积分系统可以有效增加用户对企业的记忆点,增强用户黏性。企业可以根据自身的特性设置积分名称、使用规则、兑换方式、有效期限等,从而建立完善的积分系统。

构建会员体系后,企业就可以充分挖掘数据价值,精准了解用户需求,有针对性地进行产品推荐。同时,企业也可以根据用户信息,为其提供个性化服务,如根据用户的消费习惯给予其一定的优惠折扣,为忠实用户提供优先购买资格等。

二、重视用户反馈,健全沟通机制

用户沟通机制的健全,是维护用户关系的关键环节。企业需要真诚地倾听用户的声音,积极与他们沟通交流,并不断优化沟通机制。

Zippo 作为著名的金属打火机品牌,以卓越的防风技术为核心卖点进行品牌营销。然而,任何产品都难以避免长时间使用后可能出现的问题。Zippo 对此高度重视,积极与用户沟通,及时收集和处理用户反馈。对于用户的建议,Zippo 认真考虑;对于产品出现的问题,Zippo 耐心解决;对于用户的赞扬,Zippo 表达感激。这种对用户意见的高度重视和积极响应,使 Zippo 在用户群体中赢得了极高的声誉,进一步提升了品牌的关注度。

企业健全沟通机制的三种方式如图 9.3 所示。

1. 主动回访

很多用户购买产品后,往往不会主动和企业联系。在使用产品的过程中,发现产品存在小瑕疵,有的用户会抱着"这次算了,下次不买了"的态度不加追究。如果企业没有及时与用户联系,很可能因为产品的一个小瑕疵

```
01
主动回访

02
鼓励用户分享体验

03
建立舆情监测机制
```

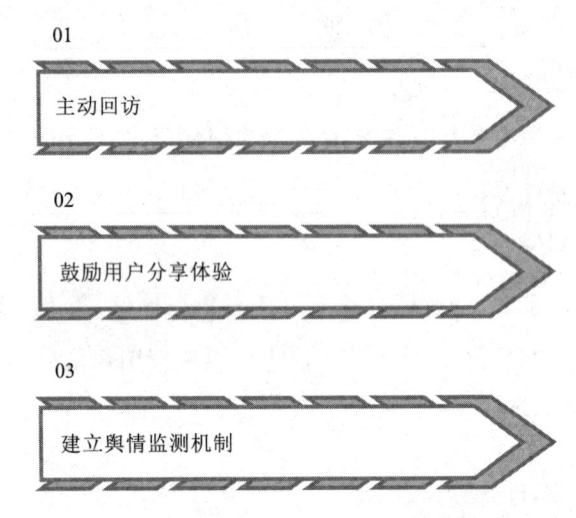

图 9.3　企业健全沟通机制的三种方式

而失去一个用户。因此，企业需要定期、主动与用户联系，询问产品的使用情况和产品是否存在质量问题，为用户提供周到细致的售后服务。

主动收集用户的反馈，让用户感受到企业的优质服务与负责任的态度，能够获得用户的好感，促进品牌的推广传播。

2. 鼓励用户分享体验

企业要想加强与用户的沟通，除了要与用户主动联系外，还要鼓励用户积极与企业互动，如鼓励用户发表使用体验，并将其放在营销内容中。在挑选商品时，相较于产品介绍和产品营销推文，用户更相信其他用户的购买体验与使用评价，以了解产品能否帮助自己解决问题、产品质量是否有保障等。

若想提高用户分享体验的积极性，企业可以给予主动发表使用体验的用户一定的奖励。在产品营销的内容中加入用户好评的截图，更能刺激潜在用户产生购买欲望，也能加大产品宣传力度。鼓励用户分享体验不仅可以加深企业与用户间的互动，增强用户黏性，还可以让潜在的用户看到使用了该产品的人是如何简单、快速地解决问题的,从而选择购买产品。

3. 建立舆情监测机制

舆情监测是利用互联网信息传播速度快和信息高度透明的特点来实时抓取数据的手段。企业可以对互联网上公众的言论和观点进行收集和采纳,建立有效的舆情监测机制。舆情监测机制有助于企业及时发现与自身相关的焦点问题和热点论题,并对倾向性言论进行及时的洞察与干预。这一机制为企业全面掌握用户体验和营销效果提供了重要的数据支撑。

总的来说,建立和维护与用户的良好沟通机制是企业成功的关键。通过主动回访,企业可以深入了解用户需求,提供优质的售后服务,从而提高用户满意度。鼓励用户分享体验能够促进品牌传播,增强用户黏性。建立舆情监测机制能够帮助企业及时了解市场动态,为决策提供数据支持。

为了在竞争激烈的市场中取得优势,企业需要不断完善沟通机制,提高用户体验和营销效果。通过努力,企业能够与用户建立长期、稳定的关系,实现可持续发展。

三、搭建社群,深度连接用户

在用户关系维护的过程中,企业需要思考如何触达用户、连接用户,进而实现用户关系维护。而搭建社群,就是精准触达用户、连接用户的一个有效手段。企业可以通过社群与用户建立深度连接,并通过社群运营实现用户关系维护。

具体而言,企业可以遵循以下步骤搭建社群:

1. 明确社群定位

明确社群定位是搭建社群的第一步,社群定位的核心是产品和用户。为了确保社群定位的准确性,企业需要深入了解产品和用户的特性。通过仔细分析这些特性,企业可以更精确地确定社群定位,从而确保社群的发展方向与企业的战略目标相一致。

2. 进行用户分类

在搭建社群之前,企业需要做好用户分类。企业可以借助数据分析给用户打上标签,根据标签将用户分为不同类型,然后将相同类型的用户邀请至同一个社群中,以实现对用户的分类管理,为不同类型的用户提供符合其需求的服务。

3. 制定社群规则

社群需要具备系统、合理的社群规则。一般来说,社群规则应包含两个方面:入群规则、言行规则。常见的入群规则有五种:邀请式(用户通过群成员的邀请方可入群)、活动式(用户参加特定活动方可入群)、审核式(用户回答问题,审核通过后方可入群)、推荐式(群成员向群主推荐,由群主或管理员将用户拉入群中)、付费式(交纳一定的费用方可入群)。

言行规则用于约束群内成员的言行,防止社群的主题偏离、群内秩序混乱。常见的言行规则有不能在群里发广告、不能发表负面言论、不能刷屏等。

4. 明确社群架构

企业需要明确社群架构,设置群主和管理员、邀请KOL(key opinion leader,关键意见领袖)等。其中,群主是建立社群、邀请成员、移除成员和解散社群的关键角色;管理员的职责包括成员引流、公告发布、话题引导、活动预热和群秩序维护等;KOL起到活跃社群氛围、发起话题的作用。

5. 加强沟通互动

加强沟通互动是提升社群活跃度和社群用户黏性的关键。社群的群主或者管理员可以通过发布每日话题为社群用户之间的沟通交流创造机会,也可以通过知识分享、社群小游戏、红包福利等提升社群用户的活跃度,增强社群用户的黏性。

6. 进行社群运营

社群建立后,稳定运营是提升社群质量的关键。企业需要定期策划一些用户感兴趣的社群活动,如趣味问答、抽奖活动等。社群活动要能吸引社群内的用户积极参与,使用户能够从中获得参与感和满足感,从而提升用户对社群的黏性。

在用户与企业的长期互动中,其对企业的信任将会加深,更愿意购买企业的产品,进而从普通用户成长为企业的忠实用户。通过社群进行用户关系维护,企业能够沉淀更多用户,建立更加稳固的用户基础。

第三节 完善服务,为用户提供优质体验

企业完善自身服务,提高服务水平,对于用户关系维护具有重要意义。这能够充分满足用户的个性化需求,让用户获得优质体验,更加信赖企业。

一、定制服务满足用户个性化需求

当前,用户的需求越来越个性化。面对这一趋势,企业需要创新服务,以定制化服务满足用户的个性化需求。

某知名运动品牌很早就曾推出个性化定制服务。该品牌将其命名为"××ID"。用户可以在品牌的官网上对自己喜爱的球鞋、服装和运动配件进行个性化设计,通过选择多种颜色和材质,加入个性化的符号,设计出一款专属于自己的产品。这项服务拥有独立的官网,受到了许多用户的欢迎。

个性化定制实现大规模商业化的难度非常大,会给供应链带来极大的压力。这不仅会使产品的生产周期变长,还很可能会降低效率、增加成本。那么,如何实现个性化定制的大规模商业化?企业需要具备以下几种能力:

1. 全业务链集成能力

大规模个性化定制是以用户为中心的生产模式,企业的一切业务都必须围绕用户展开,且全流程要做到无障碍运行。例如,产品策划、设计、生产、采购、物流、销售等流程必须充分融合,以确保始终不偏离用户的需求。

2. 模块化能力

模块化是指在传统分工的基础上将产品各部分按照功能分解并重新聚合的过程。这些被分解的模块可以被独立地设计、制造,然后再被重新组合成新产品。这满足了大规模个性定制的需求,同时提高了产品生产效率。

3. 柔性制造能力

柔性制造能力是指企业制造体系应对产品多样性和各种生产变化的适应能力,能够实现高效、灵活的生产。具体来说,柔性制造能力包括机器设备随产品变化而加工不同零件的能力;生产系统根据原材料变化而确定不同工艺流程的能力;生产需求改变后,生产系统能快速调整生产模块结构的能力等。

二、搭建完善售后服务体系

售后服务是企业服务的重要内容,也是企业与用户建立连接、树立良好形象的有效途径。企业需要从以下几个方面出发,搭建完善的售后服务体系:

第九章 用户维护：以优质服务沉淀更多用户

1. 整合零散信息

只有了解用户，企业才能为用户提供更好的服务。企业应该将全部用户的信息统一记录在服务系统中，使服务人员可以随时、随地调取产品及用户的相关信息。同时，企业还要在系统中添加大量的解决方案，帮助服务人员快速了解产品的参数、故障原因、维修进度等数据，进一步提升服务的质量和效率。

2. 合理分配工作

售后服务系统应该以服务流程为基础，将用户需求、仓库分布、备件库存等信息进行整合，从而形成协同业务，为用户制定最佳的售后服务方案。同时，售后服务系统应该根据用户需求为其匹配最合适的售后服务人员，并根据用户的位置、预约时间、所需配件等信息为售后服务人员规划最优服务路线。

3. 深入分析数据

在服务过程中，企业需要将采集到的全部服务信息留存下来，并使用智能算法对这些数据进行全面、透彻的分析，生成可视化分析报告。这样不仅可以为后续的企业管理及战略决策提供有力支撑，还可以进一步完善服务方案，提升用户满意度及复购率。

4. 服务过程透明

用户满意度是评价服务人员绩效的一项重要指标。因此，在服务完成后，服务人员应该及时将服务报告上传至系统，以便管理者进行实时监测。同时，企业还可以为用户发放调查问卷，进一步了解服务人员的服务态度及专业程度。

市场竞争日益激烈，用户的获取成本也随之提高，企业对用户黏性的增强、产品复购率的提升等问题也越来越重视。完善的售后服务体系可以帮助企业节省管理成本，提高运营效率，提升服务品质，进一步唤醒用户的品牌认知和复购意识，助推销量增长。

三、星巴克：以用户为中心的服务设计

作为一个发展多年的连锁咖啡品牌，星巴克受到了许多用户的青睐，这与其注重用户维护、提供高质量服务等密切相关。聚焦用户，星巴克进行了完善的服务设计，主要体现在以下几个方面：

1. 共创

共创，即共同创造。星巴克属于服务行业，服务的创造过程和消费过程是同时发生的，服务提供者的现场表现会直接影响服务效果，因此他们也需要参与服务设计，具备根据现场情况做出判断的能力。除了服务提供者外，用户也需要参与共创，因为他们是能够接触到所有服务触点（如咖啡、空间设计、服务员等）的群体。例如，星巴克的用户可以通过网上投票帮助门店选择背景音乐。

2. 服务有次序

服务次序对用户有重要影响，因为先做什么、后做什么会直接影响用户的心理感受。同时，整个服务过程的突然加快或减速都会给用户带来不舒服的感觉。因此，企业需要设计好服务的次序，把控好节奏，以让用户感到舒适为核心，使服务环节衔接顺畅、自然。用户了解整个服务流程的次序，明白什么时候会得到企业什么样的服务，更容易对企业产生好感。

在这方面，星巴克设计了完善的服务流程，使得服务有次序、有节奏。从用户排队点单、支付到取餐、就餐等流程都是流畅的，用户知道自己处于哪个环节以及接下来需要做什么。

3. 有形的服务

如何让用户记住被服务的美好经历？星巴克的做法是推出显性的周边产品和手办，如马克杯、餐具、水壶、速溶咖啡等。这些东西既是服务的纪念

品,又是宣传的利器。例如,星巴克的猫爪杯因为独特的造型,吸引很多人排队购买。

4. 系统性服务

用户体验是一个完整的流程,即使企业能在某个服务环节做到极致,但在其他方面服务不周,产生的服务效果也依然不会理想。例如,即使很多咖啡店推出比星巴克质量更上乘的咖啡,也依然无法抢走星巴克的目标用户,原因是其他方面的服务无法和星巴克媲美。因此,企业为用户提供服务不能只关注某一方面,而是要均衡发展,同时满足用户的物质需求和精神需求。

服务设计是一种思维方式,它需要企业注重用户需求的洞察,并注重场景和流程,及时发现与用户互动过程中的问题,明确定义并有针对性地解决问题,优化整个服务过程。

第十章

生态打造：以合作发挥生态势能

在互联网技术日新月异的今天，众多企业积极利用这一技术整合产品和服务，构建完善的线上运营体系。同时，它们还通过网络平台与更多企业建立联系，实现高效协作。这不仅有助于企业搭建自身的生态系统，还有助于在广泛的合作中实现互利共赢。随着互联网技术的持续发展，企业能够更好地应对市场挑战，提升自身的竞争力，实现持续发展。

第一节 以合作共享资源,创造更大价值

生态合作能够实现企业间的优势互补,创造更大价值。常见的生态合作的方式有三种,分别是借助外部技术支持打造智能生态;寻找战略合作伙伴,携手打造生态;打造开放平台,吸引相关企业加入,共同打造一个互利共赢的生态圈。

一、借助外力,打造智能生态

当前,技术的进步为企业搭建生态提供了有力支持。在数字技术的支持下,企业可以实现企业内部、企业与外部的智能连接,搭建起一种智能生态。

在形成智能生态后,企业不仅可以快速学习前沿知识,还可以借鉴其他企业的实践经验,最大限度地规避风险。不仅如此,智能生态还可以帮助企业清楚地认识自身的特点,从而缩短转型需要花费的时间,降低试错成本。

华商数据致力于帮助企业搭上新时代的"列车",促进智能生态的形成。

华商数据整合了企业的管理系统、销售平台、生产方案等多个业务模块,可以有效帮助企业进行内部管理,并通过数据交互促进企业各部门间的高效协同,推动企业生态化发展。在技术的支持下,华商数据专门针对企业的需求研发了管理系统——华商云服。

这个系统集合了生产、销售、财务、库存、采购等多项需求,打破了企业内外部的壁垒,可以解决企业技术落后、运转周期长等共性问题,帮助企业建立新型智能生态,实现多方位协同发展。

在智能生态成功建立后,企业的各项业务就实现了连通与协同。这不仅促进了内部资源与外部资源的整合,还实现了资源的优化配置。企业内部各部门、企业与外部能够更好地实现生态协作,共同创造更多价值,为企业的发展注入强大动力。

二、寻找战略合作伙伴,携手探索

在建设生态体系方面,企业可以积极寻求战略合作伙伴,以战略合作的方式连接其他企业,从而搭建起一种企业间的协作生态。引入战略合作伙伴有利于实现优势整合,推动企业快速发展。

轻住集团就是一个与战略合作伙伴共享共建的典型案例。自成立以来,轻住集团的合作商家已覆盖全国200多个城市,开办了数千家酒店。其创始人表示:"集团与战略伙伴的合作不仅仅是一门生意,轻住集团以自身的品牌和运营优势与合作伙伴携手共进,帮助商家实现可持续发展。"

当前,轻住集团已经与多家企业达成战略伙伴关系,包括雷神科技、携住科技、小帅科技等能有效提升用户体验的智能服务型科技企业。通过合作,轻住集团将多种不同风格的品牌进行连接,提升了项目的用户适配性,全面拓宽了增值渠道。

近年来，整个酒店行业都在积极推动产业结构升级，其用户群的消费行为也开始从产品消费升级为场景消费。轻住集团尝试通过引入战略合作伙伴的方式，打造更为完善的数字化生态网络，最终实现双方共同发展。

在引入战略合作伙伴后，轻住集团在酒店运营、用户体验等多方面得到显著提升。随着合作的深入，轻住集团充分发挥战略合作优势，持续提升品牌价值。

得益于和战略合作伙伴的友好合作，轻住集团市场扩张的速度大幅提升，实现了快速发展。

企业可以借鉴轻住集团搭建生态体系的方式，积极引入战略合作伙伴，与合作伙伴共享发展红利，共建智能生态，在合作中寻求双赢。

三、借开放平台打造行业生态圈

在构建生态方面，企业可以充分利用自身的业务和技术优势，搭建一个开放的技术平台，以促进不同业务之间的连接，从而打造一个强大的行业生态圈。

当前，在政策指引、技术发展的背景下，医疗健康产业迎来了重要的发展机遇。作为整个医疗健康产业的入口，健康体检行业肩负着产业振兴的重任。如何利用最低的成本创造最大的价值，成为该行业中的企业提升自身核心竞争力的关键所在。

一家健康体检与医疗服务企业以专业、高品质的体检为基础，以健康检查为切入点，围绕疾病预防、健康保障等方面展开服务，致力于形成稳定的生态型商业闭环，实现健康大数据与互联网金融的结合，打造有价值的个人

"健康银行"。

这家企业的管理团队清晰地意识到云战略是企业发展的趋势,精准、连续、可靠的海量大健康数据是自己的核心竞争优势,数据的充分挖掘和精细化管理是整体战略规划中的重要一环。

从云平台的规划、建设、运维及长远发展的角度出发,为了满足影像业务需求,构建全面、可扩展的影像云平台,这家企业引入人工智能辅助诊断技术。如今,已有几十家门店成功接入影像云平台,其余门店也在陆续接入中,这极大地减轻了医生的工作量,节省了大量的医疗资源。这家企业还通过流行病调查、健康白皮书等方式,用积累的医疗资源反哺社会,推动公共卫生事业的长足发展。

随着项目合作的不断深入,这家企业打造的开放型数据平台将成为远程疾病防控中心。在人工智能、云计算等数字技术的支持下,这家企业在医学影像、生物信息等领域积极地进行战略布局,进一步增强了健康产业生态系统的循环能力。

四、网易云音乐:与抖音共建生态

网易云音乐在搭建产业生态体系方面有着丰富的实践,其丰富的音乐内容为其打造内容生态奠定了坚实的基础。抖音则在内容方面具有显著优势,其海量短视频内容吸引了大量用户。二者合作构建了优质的内容生态,推动了内容产业的发展。

网易云音乐与抖音的合作以打造"音乐+短视频"的内容生态为核心,共同扶持、宣传音乐人及其作品,让优秀的音乐人和作品被更多人知道。

随着民谣、说唱、国风等多种音乐风格以及许多爆款作品的火热发展,音乐市场中歌曲的质量不断提升、风格更加多样。例如，原创歌曲《海底》在网易云音乐和抖音合作的"热歌改造计划"的推动下，成为双平台热门歌曲，获得广泛关注和好评。网易云音乐和抖音打造的"音乐＋短视频"的内容生态，为音乐人和优秀作品提供了更广阔的发展空间。

网易云音乐以"音乐社区"为切入点，通过个性化推荐、乐评、歌单等特色功能，为用户提供优质的音乐体验。同时，通过"石头计划""云梯计划"等扶持计划，网易云音乐为原创音乐人提供发展平台，推动原创音乐的发展。

抖音则凭借其优质的短视频内容，以及活跃的 UGC 生态，将歌曲的呈现形式从"听"转变为"看"，加速了歌曲的传播。此外，抖音还推出了"抖音看见音乐计划""抖音音乐人亿元补贴计划""复·兴计划"等，在助力音乐人和作品宣传的同时，反哺音乐内容生产环节，进一步推动了原创音乐的发展。

网易云音乐和抖音围绕音乐人扶持、音乐宣发、音乐 IP 等领域展开深度合作，共同构建了"音乐＋短视频"的内容生态。这种合作不仅助力优秀音乐人走向大众，还促进了音乐行业的发展，扩大了整体市场规模。

第二节　产业互联网：搭建广泛互联的产业生态

产业互联网是一种新的经济形态，以互联网、物联网、大数据、云计算等新一代信息技术为支撑，实现产业内部的互联互通和智能化升级，推动产业生态的优化和重构。产业互联网通过数字化、网络化、智能化等技术手段，提升产业内部和产业之间的协同效率、资源优化配置和创新能力,促进产业的可持续发展和转型升级,为企业的发展提供新的机遇。

一、产业互联网三大价值

产业互联网作为产业生态的一种表现形式,能够整合产业内的各企业、金融机构、科研机构等要素,形成以数据为核心、网络协同的产业分工模式,提高产业的资源配置、协同发展能力,形成上下游协同发展的产业生态。

产业互联网是各产业基于互联网生态和技术对产业链和价值链进行重塑和改造后形成的互联网形态。这种形态能够充分发挥互联网在产业中的集成作用,实现传统产业与互联网的深度融合。

在产业互联网的背景下,传统产业能够实现生产、流通、服务等方面的全面升级和优化。企业可以借助物联网技术实现设备的互联互通,提升生产线的自动化和智能化水平;通过大数据分析,企业可以对市场趋势进行预测,实现精准营销和个性化服务;云计算技术的应用则为企业提供了高效、灵活、可扩展的计算和存储资源,助力企业快速应对市场变化。

产业互联网的核心是实现产业的互联互通和智能化升级。通过跨企业、跨行业的协作和资源整合,产业互联网将推动传统产业的转型升级,提升产业的整体竞争力。

随着产业互联网基础设施的建设和完善,我国产业互联网融合应用的范围不断扩展,为越来越多的企业进行数字化生态建设注入新的动力。

产业互联网的价值主要体现在三个方面,如图 10.1 所示。

1. 拓展生产、流通与消费的边界

生产、流通和消费等环节共同构建了经济大循环的完整链路。在生产

```
    01  拓展生产、流通与消费的边界

    02  提高供给侧与需求侧之间的适配性

    03  增强城乡与区域之间的连通性
```

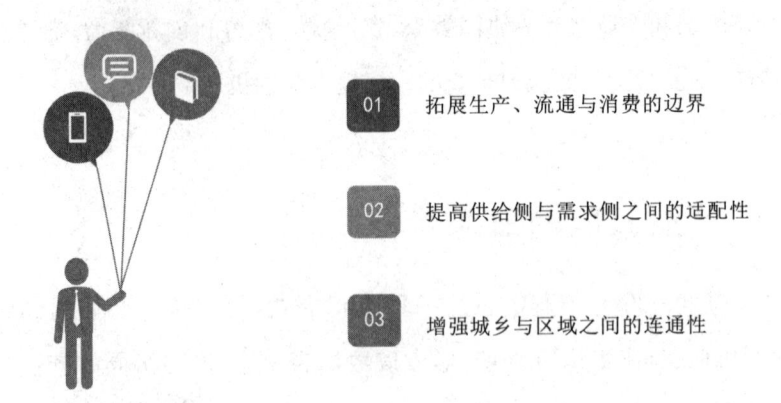

图 10.1　产业互联网的价值

方面，产业互联网不仅能通过共享制造和智能制造等新型生产方式提高产量，还能通过技术升级加强产品创新，提升产品质量，从而为产业链现代化、产业基础高级化和产业供给侧结构性改革提供助力。

在流通方面，产业互联网能够利用智慧技术充分为产品流通赋能，例如，智慧物流、社区电商、无接触配送等新型流通方式极大地扩展了产品与服务的触达范围。在消费方面，产业互联网能够通过线上、线下融合创造出有形消费品的新型消费模式，还能够通过数字技术增加无形消费品的种类，从而推动消费边界的快速拓展。

2. 提高供给侧与需求侧之间的适配性

产业互联网能够降低供需信息的不对称性，提升供需匹配的精准性。产业互联网能够将分散的供给与需求信息进行整合，促进产业链、供应链的现代化发展，从而促进产业集群之间相互适配，提高供给侧与需求侧之间的适配性。

3. 增强城乡与区域之间的连通性

产业互联网的智慧零售、电商直播等新型销售模式能够推动产品的循环流动，增强城乡和区域之间的有效贯通。智慧教育、远程医疗等服务模式

第十章 生态打造：以合作发挥生态势能

能够推动公共服务从城市向乡村、从发达地区向欠发达地区流动，从而推动城乡经济一体化和区域协调可持续发展。

产业互联网反映了经济结构的新发展趋势，为企业数字化发展提供了新的机遇。同时，产业互联网也为社会经济的发展注入了新的动能。

二、产业互联网搭建的步骤

当前，很多企业都意识到产业互联网对于企业发展的价值，积极搭建产业互联网。产业互联网的搭建是一个循序渐进的过程，企业需要遵循的步骤如图10.2所示。

1. 研究本产业及相关产业
2. 创造产业价值点
3. 建设基础设施
4. 建立规模优势
5. 基于平台搭建生态
6. 利用数据迭代创造价值

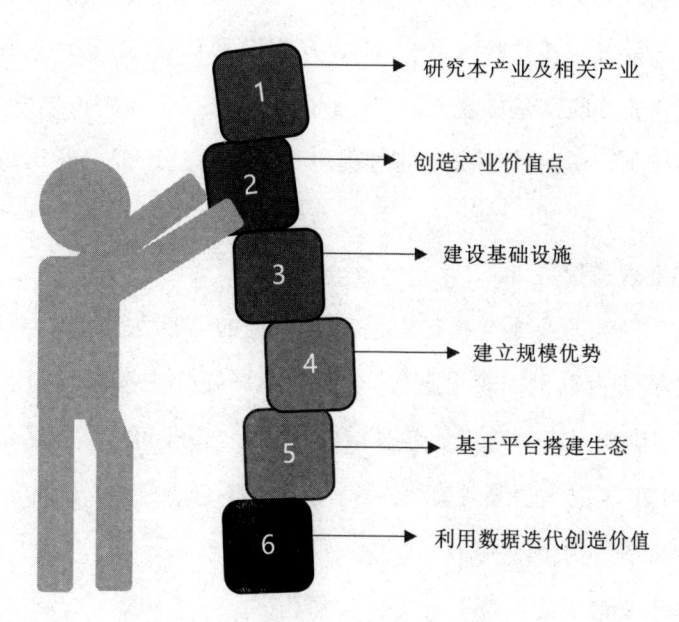

图10.2 打造产业互联网的步骤

1. 研究本产业及相关产业

首先，企业应找到产业边界，借助互联网技术打破地域、业务、技术、服务等产业边界。在打破产业边界后，企业应进一步扩大产业规模，并在此基础上，进一步提升企业分工效率。

其次，企业应明确本产业以及相关产业的痛点，利用互联网技术审视行业难题，针对行业痛点和难题发展新的业务。

2. 创造产业价值点

产业互联网中要有能够吸引用户的价值点。如果一个产业没有能够吸引用户消费的服务，就不具备很高的价值。在产业互联网打造初期，企业可以按照不同的业务规划，为用户提供有针对性的服务，从而创造产业价值点。

3. 建设基础设施

建设基础设施是产业互联网建立核心竞争力最关键的步骤。产业互联网的基础设施包括物联网平台、工业互联网平台、SaaS软件等。企业建设完善的产业互联网基础设施，有利于企业快速在行业中占据领先地位。企业建设产业互联网基础设施的过程也是企业打造产业互联网价值链的过程。

4. 建立规模优势

首先，产业互联网的规模越大，其创造价值的可能性就越高。

其次，产业互联网的规模越大，企业的用户量往往就越多，企业的服务成本会相对降低。在打造产业互联网的过程中，企业可以尝试扩展新的业务模式，例如，可以将边缘计算、数字孪生等作为新业态、新发展方向，从而获得新动能，建立规模优势。

5. 基于平台搭建生态

企业在建立了产业互联网的规模优势后，可以在新的平台上建立商业模式，构建新的产业互联网生态。同时，企业应对平台用户生态进行分类，并吸引相关企业进入，从而形成更加丰富的角色互动和更加细致的社会分工。

第十章 生态打造：以合作发挥生态势能

6. 利用数据迭代创造价值

企业在完善产业互联网的过程中利用数据迭代能够创造更广泛的价值。

首先，企业应挖掘产业互联网数据之间的关联性，并对所挖掘到的数据关联性进行分析和总结。

其次，企业要利用数据关联性，在产业互联网中建立数据模型，从而推动产业互联网的数据迭代，创造更大的价值。

企业掌握打造产业互联网的步骤，有利于推动技术、业务和服务升级，实现高质量发展。

三、影子科技：以技术探索产业互联网

影子科技是一家专注产业互联网建设的科技企业，致力于借助人工智能、区块链等技术打造集"料、养、宰、商"于一体的产业互联网平台，推动农业产业链智能化转型，让食品更安全、美味。

在畜牧养殖方面，影子科技发布了智能引擎系列平台"FPF未来猪场"。"FPF未来猪场"能够提供智能环控、精准饲喂、兽医助手、基因选配等智能服务。此外，"FPF未来猪场"不仅能够实现猪场场景和智能管理的协同，还能够通过区块链、大数据等技术为养猪产业链打造更加透明、健康的生态。

影子科技还基于"FPF未来猪场"打造了"3D FPF未来猪场"，其中包含影子智能引擎、3D物联网可视化平台、3D任务导航等应用。影子科技利用GIS（geographic information system，地理信息系统）和BIM（building information modeling，建筑信息模型）等技术，将线下猪场在线上真实还原，实现猪场数字化在线管理。此外，影子科技还与扬翔股份、中国移动签署了"5G

智能农牧战略"合作协议,在5G生态圈构建和5G智能农牧应用等领域展开重点合作,以扩大数字化规模,提升数字化技术水平。

  影子科技抓住了大数据、物联网、人工智能在农业领域的发展机遇,从产业需求出发,提升产业互联网数字化技术水平,致力于通过数字化技术解决养猪产业痛点,打造养猪产业可视化互联网平台,推动养猪产业的数字化、智能化发展。

第十一章

资本运营：合理规划资本实现扩张

———

　　资本运营指的是企业通过各种手段优化资本结构，以实现扩张和利润增长。在进行资本运营时，管理者需要建立正确的认知，掌握资本运营的要点，并通过合适的方式实现扩张。

第一节 资本运营基础:建立正确认知

资本运营是企业发展的重要手段。然而,许多企业在追求规模扩张的过程中,往往忽视了核心资源的聚焦和有效利用。此外,扩大规模并非万能的,盲目追求规模扩张可能导致资源分散、管理难度增加。企业应根据自身的实际情况和市场环境,制定合适的资本运营策略,实现稳健的扩张和利润增长。

一、聚焦核心资源进行资本运营

企业的资本运营是一种整体的战略规划。为了充分发挥资本运营的作用,企业需要了解自身的资源状况,并聚焦核心资源进行资本运营。核心资源主要是指能够推动企业正常运转的重要资源,它们可以是企业自有的,也可以通过共享、购买或从合作伙伴处获得。

在资源利用层面,资本运营可以被视为一个过程,即在识别核心资源的基础上,发挥非核心资源的辅助作用,最终实现资源的优化组合。因此,在进行资源分析时,首先要明确企业的现有资源。

通常,企业可以从技术资源、管理资源和人力资源三个方面入手,明确自身现有资源的状况。

技术资源主要是指具备商业价值的科技成果，如华为的 5G 技术、苹果的 iOS 系统、今日头条的智能推荐算法等。对于各大企业来说，只要拥有这种资源，就相当于拥有了立身之本和市场竞争之源。

管理资源也可被理解为管理者资源。管理者的自身素质会对员工的能力和企业的成长产生巨大影响。如果企业的管理者具备创意、事业心、机遇把握能力、风险识别技巧等特质，那么企业极有可能会获得良好的发展。

人力资源是企业发展的基础和推动力，高素质人才的获取和开发是企业实现可持续发展的关键。

技术资源、管理资源和人力资源都是企业的核心资源，都可以成为企业的核心竞争力。企业必须以这些核心资源为基础进行资本运营。

二、扩大规模并不是万能的

通过资本运营扩大规模，实现规模化发展，是很多企业的目标。当企业发展到一定规模时，能够产生"1+1＞2"的效果，从而获得更高的经济效益。因此，许多企业倾向于通过扩大规模来实现规模经济。然而，需要明确的是，扩大规模并非万能的。

一些管理者认为，通过联合几个独立的企业就可以形成规模经济。这种将"规模"绝对化，或者认为企业规模的扩大必然会带动规模经济的形成的观点，都是片面的。

扩大生产规模的目的是提高效率和效益，而不仅仅是形成规模经济。企业的规模并非越大越好。在资本运营过程中，企业不能舍本逐末。当企业达到一定规模后，持续的规模扩张并不一定会使成本降低，反而可能会出现成本回升，导致出现规模不经济的情况。

一些管理者认为,随着企业规模的扩大和市场占比的提升,盈利问题自然会得到解决。实际上,规模扩大并非万能。以某知名咖啡品牌为例,其经营范围覆盖全国,拥有六七百家分店,但最终还是申请了破产保护。这充分说明,过分追求规模不一定会成功。

此外,过分追求多元化经营也是盲目扩张的一种表现,容易导致决策失误。企业在资本运营过程中,如果盲目地进行兼并与收购,会使企业的分支机构增加,形成各种不相关的"多元化"经营模式。这不仅会延长管理链条,增加管理难度,还可能给企业的核心业务带来负担。

综上所述,企业在资本运营过程中需要保持理性,不能盲目追求规模和多元化。聚焦核心资源,优化资本结构,才能实现可持续的扩张和发展。

第二节 扩张路径:内生式扩张+外延式扩张

企业扩张通常可分为两种路径:一种是凭借技术优势实现内生式扩张,另一种是通过拓展产品范围实现外延式扩张。这也是企业通过资本运营可以实现扩张的两大路径。

一、内生式扩张:凭借技术优势实现扩张

内生式扩张是指企业凭借自身技术优势,通过技术进步实现扩张。这种方式能够为企业提供稳定的支撑,助力其持续增长。

以江苏鱼跃医疗设备股份有限公司(以下简称"鱼跃医疗")为例,作为

知名的医疗设备企业,经过十余年的发展,鱼跃医疗已成长为集医疗设备研发、生产、销售于一身的综合性大型医疗设备企业。

在探索内生式增长方面,鱼跃医疗采取了多种措施。一方面,鱼跃医疗与清华大学、江苏大学等高校签署了合作协议,建立了研发合作关系,并设立了博士后科研工作站。通过充分发挥人才和技术的优势,鱼跃医疗的研发力量得到增强。技术创新机制与优势确保了鱼跃医疗的产品技术水平始终处于行业领先地位。

另一方面,鱼跃医疗在企业内部实施了股权融资计划。自成立以来,鱼跃医疗就对资金需求较大,且业绩快速增长与规模扩张对资金链提出了挑战,而内部股权融资为其正常运营提供了强有力的资金支持。这使得鱼跃医疗在发展过程中能够保持较低的负债率。

与高校的产学研合作提高了鱼跃医疗的技术水平,为其培养了更多的专业技术人才,并积累了专利,而内部股权融资则显著增强了鱼跃医疗的资金实力。这两方面都体现了鱼跃医疗的内生式扩张能力。正是得益于强大的内生式扩张能力,鱼跃医疗才能实现快速发展。

二、外延式扩张:扩展产品范围实现扩张

外延式扩张指的是企业通过提高生产要素投入、扩展产品范围来实现扩张。在实际操作中,企业主要通过在其他企业中控股或参股,实现产融结合与多元化产业布局。

以知名乳品企业伊利为例,详细讲述是如何进行外延式扩张之路的。在市场不断变化的背景下,伊利不断调整自己的产业运营模式。从最初的销售单一液态奶到开展饮料、矿泉水等综合性食品业务,再到进军私募领域,伊利探索出一条属于自己的扩张道路,如图11.1所示。

```
01 → 投资乳品产业链上下游
寻找曲线产品 ← 02
03 → 加快私募投资领域布局速度
```

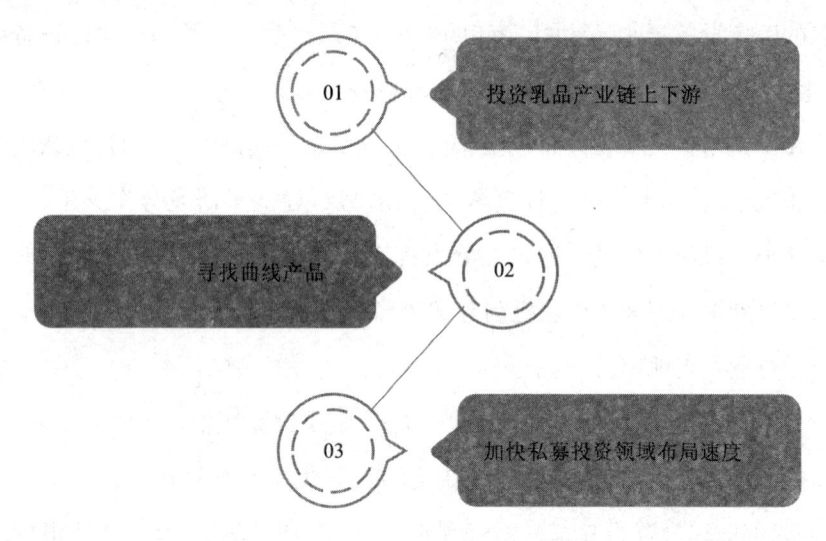

图 11.1　伊利外延式扩张之路

1. 投资乳品产业链上下游

伊利作为全球知名乳品企业,在乳品领域布局多年,投资范围覆盖乳品产业链上下游,如智能仓储、数据安全、快递物流等多个与乳品相关的行业。

例如,伊利曾联合小米推出"全民科学饮奶计划"。依托双方合作研发的牛奶"白科技"应用,并借助小米的智能可穿戴设备,伊利可随时分析人体健康综合指数,为消费者推荐符合其健康需求的乳制品。

在乳品产业链上游,伊利智慧牧场通过可视化的智能设备,为奶牛提供最适宜的生产条件,全面提升奶源的质量。在乳品产业链中游,伊利引进了码垛机器人,通过射频识别技术实现原奶无人过磅和精准存储,极大地降低了成本。在乳品产业链下游,伊利引入自然语言处理技术,实时跟踪当下乳制品的流行趋势,更好地判断、满足消费者的需求。

2. 寻找曲线产品

伊利是少见的以销售液态奶为主的乳品企业。例如,雀巢也是销售液态奶起家的,但是现在雀巢比较有名的反而是咖啡、茶饮等产品;达能同样

第十一章 资本运营：合理规划资本实现扩张

是销售液态奶起家，现在比较知名的却是饼干产品。液态奶应该是一家乳品企业的起点，而不是它的终点。

为了进一步打开国外市场，加速全球产业融合，伊利收购了新西兰乳品企业 Westland。虽然这一次的收购大幅提高了伊利的品牌价值，但依旧是伊利在原有的液态奶业务中进行的布局。而伊利的液态奶业务已经进入了存量时代，为了发展，伊利必须寻找新的出路。

因此，在坚持传统液态奶业务的同时，伊利的曲线产品陆续上市。例如，伊利投资 7.44 亿元建设了吉林长白山矿泉水项目；出资收购阿尔山市水知道矿泉水有限公司，进入矿泉水赛道。

再如，在茶饮方面，伊利推出茶饮新品牌"茶与茶寻"，进军无糖茶市场，主打添加了益生菌的无糖果茶；在宠物粮方面，伊利推出"one on one"宠物粮品牌，主打定制产品，为宠物提供符合其成长需求的宠物粮。

在其他与乳制品密切相关的领域，伊利早就开始进行投资、收购布局。例如，伊利曾斥资 5 亿余元收购泰国本土最大的冰激凌企业，以冰品为切入点，打开东南亚市场。此后，伊利完成对婴幼儿配方奶粉企业澳优的收购，在羊奶粉细分赛道上实现弯道超车。而为了更好地在奶酪市场中参与竞争，伊利投资了多家奶酪企业，并成立了奶酪公司。

3. 加快私募投资领域布局速度

在私募领域，伊利进行了系统化的布局。伊利以 2 000 万元全资成立了珠海健瓴股权投资基金管理合伙企业（以下简称"珠海健瓴"），而后又与珠海健瓴共同出资成立了风险投资基金——珠海健瓴风险投资基金合伙企业（以下简称"健瓴基金"）。健瓴基金主要关注和食品、健康相关的领域，不仅关注初创企业，还关注那些具有巨大发展潜力的成长期企业。

伊利还斥巨资认购北京晨壹并购基金的股份，成为其合伙人。而为了更好地管理旗下众多的私募股权基金和基金管理公司，伊利与珠海健瓴共同设立了健瓴(珠海)母基金合伙企业,同时又设立了健瓴种子基金。

这两只基金先后入股、投资了很多泛消费类企业和与新技术升级相关的科技企业。而这些被投资的企业遍布乳品供应链上下游,不仅实现了阶段互补,还实现了行业互补,使资本赋能、产能,实现产融结合。

第三节 并购重组:资本运营实现扩张的重要手段

当前,并购已经成为企业扩张的重要手段。通过并购,企业能够在原有经营领域的基础上快速进入新领域。为了推动并购重组顺利进行,企业需要关注并购重组中不协同因素带来的风险,以保障并购重组顺利进行。

一、并购重组优势明显

并购重组是一种常见的企业资本运营手段,能够帮助企业扩大生产线、降低生产成本、提高生产效率。此外,上下游的并购重组还能帮助企业打通产业链,实现产业生态布局。具体而言,并购重组的优势如图11.2所示。

1. 扩大企业规模,降低生产成本

并购重组后,企业的规模会显著扩大。在充分整合资源的基础上,企业能够有效降低各个生产环节的成本,形成规模效应,进一步形成规模经济。

第十一章 资本运营：合理规划资本实现扩张

扩大企业规模，降低生产成本

提高市场占比，提升行业地位

实现发展战略，整合行业资源

实施多元化战略，进行升级转型

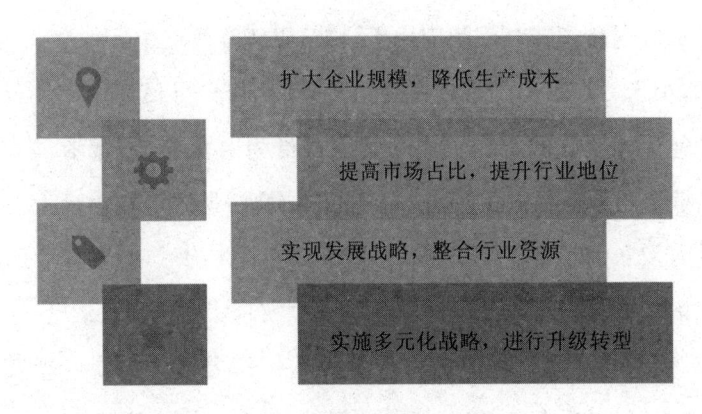

图11.2 并购重组的优势

2. 提高市场占比，提升行业地位

随着企业生产效率的提升和企业管理系统的完善，企业的市场占比和行业地位将得到显著提升，甚至有机会成为行业巨头。例如，滴滴与快的合并、美团与大众点评合并重组后，滴滴、美团成为行业中的龙头企业。

3. 实现发展战略，整合行业资源

并购重组后，企业不仅可以得到其他企业的资产，还可以得到其生产技术、技术人才、管理经验、经营模式等各类资源。这些资源是提升企业竞争力、实现企业发展战略的重要助力。

4. 实施多元化战略，进行升级转型

由于行业内部竞争不断加剧，许多企业都在尝试混合并购，即通过收购进入新的行业。这种并购模式不仅能扩大企业的经营范围和盈利空间，还能有效分散原行业的风险。

随着市场竞争的加剧，企业寻求更快速、更高效的发展，并购重组的需求更加强烈，生态链并购模式应运而生。这种模式将服务于相同用户群体的企业进行重组，实现资源共享，从而打通生态链、实现共同发展。生态链并购要求至少存在一家核心企业，由核心企业将用户引入生态链系统中，从而实现盈利。这种模式被广泛应用于科技、媒体等行业中。

例如,小米一直致力于市场布局,并与其他与自身目标用户具有高度一致性的企业保持友好的合作关系。其以自身为孵化器,将紫米、华米、云米等多家企业进行半开放式的整合,组建战略同盟,最终形成小米生态链。根据小米官方发布的年度业绩报告,在进行生态链并购后,紫米企业的利润实现了大幅增长,同时,小米集团的年总收入也实现了较大增长。

目前,生态链并购已经成为重要的资本运营方式之一。企业需要在合适的时机打通行业生态链,组建战略同盟,从而实现战略目标。

二、关注不协同因素带来的风险

企业并购重组的目标是通过资源整合实现更好的发展。但在实际操作中,由于并购重组双方企业存在多种不协同的因素,常常导致企业经营面临风险。具体来说,由不协同因素引发的风险如图 11.3 所示。

图 11.3 并购重组中不协同因素导致的风险

1. 管理风险

并购重组后,企业的管理人员能否得到合理的安置,能否找到恰当的管理方法,管理手段是否具有一致性、协调性等,都是不确定的,容易引发管理风险。

2. 规模经济风险

企业并购重组后,规模扩大,成本增加。在这种情况下,如果没有实现规模经济,生产规模扩大没有带来效益的增长,就会引发风险。

3. 范围经济风险

范围经济风险指的是企业完成并购重组后,无法实现核心技术的融合利用,无法依靠核心技术开发多种产品,难以实现范围经济,只是低水平的重复生产。这种风险对于企业来说是致命的,可能导致企业难以为继。

4. 企业文化风险

如果并购重组双方的企业文化存在较大差异,并购重组后难以形成共同的经营理念、团队精神等,同样会引发风险。

那么企业应如何防范并购重组中不同方面不协同的风险?

首先,在生产经营整合方面,并购重组后,企业的核心生产能力必须满足企业规模日益扩大的需要,根据经营目标调整经营战略和产品结构体系,统一生产线,使生产协调一致,取得规模效益。

其次,在管理制度整合方面,企业需要明确双方管理优势,优化管理制度,并将其落实在管理过程中。对于被并购企业不合理、落后的管理制度,企业需要及时进行更新,保证企业能够更好地发展。

再次,在人员整合方面,企业要选择合适的管理人员进入被并购企业,同时进行必要的人员调整。在人员整合的过程中,企业要及时与被并购企业的人员进行沟通,通过面谈、培训等形式对员工做思想工作,与员工保持良好的沟通。此外,企业也需要对全部员工信息进行整合,建立新的人事数据库和人才梯队等。

　　最后，在企业文化方面，企业需要对两个企业的文化进行比较，借鉴对方企业的优秀企业文化，对原本的企业文化进行补充、完善，并以制度的形式将新的企业文化确定下来。

第十二章
品牌创新：增强品牌价值与声誉

　　品牌是企业的重要资产，也是企业在市场竞争中取得优势的关键。在当前激烈的市场竞争环境中，企业必须积极推动品牌创新，使其更好地适应市场变化，满足消费者日益增长的需求。

　　为了实现这一目标，企业需要进行多维度的品牌创新，以激发品牌的活力。同时，通过品牌延伸来提升品牌的影响力也是非常重要的。此外，企业还需要重点关注品牌IP化建设，以深化消费者对品牌的认知。

第一节 三大创新路径：战略＋产品＋体验

品牌创新可以提高品牌活力和竞争力，使品牌在竞争中脱颖而出，还能使品牌更好地满足用户需求，提升盈利能力。企业可以从战略、产品、体验三方面入手进行品牌创新，打造品牌的差异点和独特点。

一、以战略创新打造竞争优势

在消费升级和赛道竞争加剧的背景下，许多企业虽然采取了多种策略，但仍面临品牌增长乏力的困境。因此，企业需要进行品牌战略创新，从战略层面打造品牌的差异点。

分析市场中一些强势崛起的品牌，如三顿半、燕之屋等，可以发现，它们之所以能够快速发展，是因为它们敢于打破常规，实施战略创新，以应对市场的不断变化。下面以咖啡品牌三顿半为例，详细阐述其品牌战略创新实践。

咖啡市场有两条主流赛道：一条是速溶咖啡赛道，另一条是现磨精品咖啡赛道。随着麦当劳、全家等品牌的加入，现磨咖啡逐渐成为市场大热。同时，随着咖啡市场的繁荣，新的品牌不断涌现，加剧了竞争的激烈程度。

面对这一局面，三顿半选择了一条与众不同的道路，开创了一个全新的细分市场——精品速溶咖啡，区别于传统速溶咖啡和现磨咖啡，实现了快速发展。

在传统速溶咖啡的生产过程中，咖啡豆萃取和干燥需要经过高温处理，原有风味遭到破坏。而三顿半基于自主研发的冷萃提取和智能冻干技术，推出了"无损风味萃炼系统"，在保留咖啡豆原有风味的同时，使咖啡粉能够快速溶于热水、冷水和牛奶。口感新鲜、快速冲泡的三顿半冷萃速溶咖啡，受到了大量用户的欢迎。

当前，"95后""00后"成为咖啡消费的主力军。他们更关注产品的个性化与便捷性，而三顿半迎合了这些用户的偏好。传统的速溶咖啡风味平淡，现磨咖啡口感好但价格较高，且难以满足用户的即时需求。基于对用户偏好的洞察，三顿半推出了多种口味、多种系列的咖啡产品，采用独立小包装设计，便于用户携带、冲泡。

基于品牌战略创新，三顿半开创了精品速溶咖啡赛道，满足了用户的个性化、便捷性需求，迅速打开了市场并强势崛起。

品牌战略是品牌发展的指向标。企业需要关注品牌战略创新，根据竞争环境和用户需求变化，制定创新型品牌战略，打造品牌竞争优势。

二、聚焦技术与设计进行产品创新

产品创新是品牌创新的重要内容，企业需要不断加强产品创新，以推动品牌创新。产品创新的重要性主要体现在以下几个方面：

（1）通过产品创新，企业可以开发出更具竞争力的产品，在市场中脱颖而出,占据更大市场份额。

(2)用户的需求和消费偏好不断变化,企业通过产品创新,能够满足用户的新需求。

(3)通过推出创新产品,企业可以深化品牌形象,加深品牌在用户心中的认知,提升用户对品牌的好感。

(4)产品创新可以为企业带来新的增长机会。通过研发新产品进入新市场,企业可以拓展多元化业务,获得新的增长点。

从实践方法来看,企业可以从技术创新与设计创新两方面进行产品创新。

1. 技术创新

通过引入新技术,企业可以开发出更先进的产品,提高产品质量和性能。例如,通过引入人工智能技术提升产品的智能性、通过开发新的技术使产品的功能更丰富等。技术创新可以满足用户对产品新功能、新体验的需求。但是,技术创新存在挑战,如创新成本高、市场接受度低等。因此,企业在进行产品技术创新时需要进行充分的市场调研和技术评估。

2. 设计创新

设计创新指的是企业通过改变产品的外观、功能等,满足用户的需求。设计创新可以让产品更加美观、更加易用,提升产品对用户的吸引力。例如,隐藏式门把手、流畅的车型设计等设计创新使特斯拉汽车拥有美观的外表,受到了许多用户的青睐。

设计创新有助于打造品牌形象,强化品牌竞争优势。但是,设计创新需要企业投入大量资源,且可能面临目标用户接受程度低的问题。因此,企业需要在进行设计创新时充分考虑市场需求和用户偏好。

市场中的一些知名品牌,在产品创新方面往往也处于领先地位。以苹果品牌为例,其长久发展离不开产品创新的助力。

在技术创新方面，华为以卓越的性能与创新的功能著称。华为的工程师追求更高的性能与更低的能耗，不断对手机芯片进行迭代。这保证了手机的高性能。同时，华为操作系统不断更新，为用户带来更优体验。此外，华为十分重视生态系统的建设，打通了旗下手机、电脑、平板、手表等智能设备之间的连接，为用户使用产品提供了便利。

在设计创新方面，华为坚持以用户为中心的设计理念，追求简约设计风格和流畅的操作体验。无论是初代还是更新的环保设计，华为始终坚持设计创新，不断优化用户体验。

企业需要持续推进产品创新，以新产品满足用户的新需求。同时，企业也需要引入新的设计理念，如简约设计、环保设计等，丰富产品内涵。通过不断创新和优化产品设计，企业可以更好地满足市场需求，赢得用户的青睐和支持。

三、打造沉浸式交互新体验

在企业数字化转型加快，数字化消费成为趋势的当下，越来越多的企业开始聚焦用户体验深化品牌营销，以沉淀更多用户，驱动品牌增长。

体验创新成为品牌创新的重要组成部分，这在数字技术应用广泛的汽车、互联网等行业体现得较为明显。以汽车行业为例，随着车联网、自动驾驶等技术的应用，汽车行业朝着智能化的方向快速发展。这给汽车企业的发展带来新的挑战与机遇。如何提升品牌形象、用户体验与用户满意度，成为各汽车企业竞争的焦点。

在此背景下，知名商用车品牌东风商用车率先行动，于2023年2月建成品牌体验中心。该中心融合了多种先进数字技术，为用户提供沉浸式的体验。

在设计方面，东风商用车品牌体验中心基于用户需求洞察和场景细分，借助数字技术进行空间布局和软装创意设计,以沉浸式的方式展示东风商用车的品牌价值。此外,该中心还利用人机交互和智能识别等技术,增强产品与用户的互动,使用户能够沉浸式体验产品并进行数字交互。通过沉浸式交互的方式,该中心将用户带入预设场景,为用户提供品牌价值、实况驾乘、智能选购等方面的沉浸式体验。

东风商用车品牌体验中心的成立,是其在体验创新方面的积极实践。凭借这一中心,东风商用车强化了与用户之间的联系,使用户能够深入了解品牌,从而提高对品牌的满意度。

当前,随着用户对数字化服务的需求不断增长,企业需要把握这一趋势,积极进行体验创新。通过提供个性化、数字化的服务体验,企业能够满足用户需求并吸引更多用户,从而实现快速增长。

第二节 品牌架构:选择合适的品牌架构模式

在发展过程中,企业可能会遇到品牌架构问题:是坚持单一品牌战略,实现单品牌的品类延伸,还是创建多个品牌,以不同品牌命名不同业务?这是很多企业都需要面对的问题。企业需要了解这两种不同的架构,并根据自己的需要选择合适的品牌架构。

一、单一品牌架构:聚集品牌势能

单一品牌架构是指企业使用同一品牌来命名所有产品的品牌架构。这种架构在市场上非常普遍,如康师傅、统一等品牌。康师傅品牌旗下拥有方便面、矿泉水、饼干、冰红茶等多种产品,都使用康师傅这一品牌。统一也是如此,其所有产品都使用统一的品牌,如统一鲜橙多、统一冰红茶、统一汤达人等。

单一品牌架构具有三个优势:企业可以将资源集中于打造一个品牌,更易于打造一个强势品牌;在推出新产品时,可以利用现有品牌的影响力,迅速提高新产品的认知度,以较低的营销成本迅速进入市场;多个产品共用一个品牌,在用户使用过程中反复出现,有助于加深用户对品牌的认知,提升品牌价值。

然而,单一品牌架构也存在一些缺陷。一方面,如果品牌涵盖的产品太多,可能会稀释品牌的个性,损害品牌的专业形象。例如,一个电器品牌推出手机产品,大多数用户可能会选择其他专注于手机领域的品牌。另一方面,如果品牌旗下的某一产品出现问题,其他产品可能会受到波及,影响其他产品的声誉。这意味着一个产品危机事件可能会对其他数百种产品造成影响,甚至引发整个品牌的危机。

因此,企业在采用单一品牌架构时,需要在发挥这一架构的优势的同时注意规避风险。做好舆情管理和品牌危机预警至关重要,以确保单一产品危机事件的影响范围得到有效控制。同时,企业还需要持续关注市场趋势和用户需求的变化,及时调整品牌战略以适应不断变化的市场环境。

二、多品牌架构:灵活应对多种市场需求

多品牌架构指的是企业在不同的业务领域使用不同品牌的品牌架构。在多品牌架构中,不同的品牌针对不同的细分市场提供不同的产品,拥有不

同的定位。

多品牌架构中的各品牌存在两种关联关系：一种是影子关联，另一种是互不关联。其中，影子关联是一种隐形关系，例如，别克、雪佛兰、凯迪拉克都是通用汽车旗下的汽车品牌，三者就属于影子关联。三个品牌独立运作，但会使用通用汽车这一品牌作为背书，也会使用通用汽车研发的技术推广、优化自己的产品。

互不关联指的是各品牌间没有任何关系。例如，宝马和劳斯莱斯都是宝马集团旗下的汽车品牌，但宝马与劳斯莱斯之间互不关联。宝马的定位是中高档豪华汽车，劳斯莱斯的定位是顶级豪车汽车。

多品牌架构具有三个优势，如图 12.1 所示。

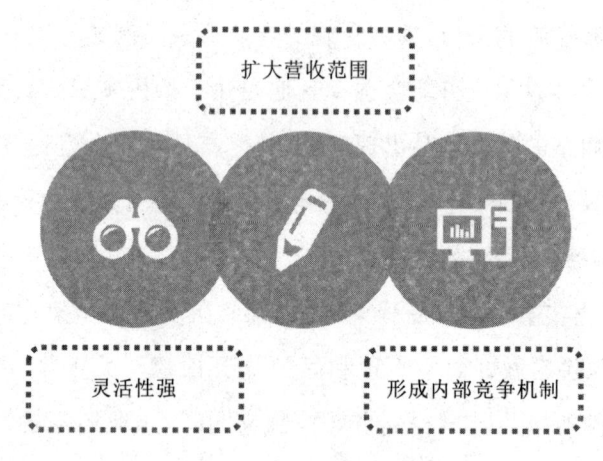

图 12.1　多品牌架构的优势

1. 灵活性强

多品牌架构能够适应不同市场的差异性，满足不同用户的个性化需求。在多品牌架构下，不同的品牌专注于不同的细分市场，从而更好地满足不同市场的独特需求。

例如，江小白酒业旗下拥有多个针对不同人群和需求的酒品牌，包括聚焦年轻人群的江小白、聚焦传统白酒人群的江记高粱酒等。同时，在低度酒市场,江小白还推出了梅酒品牌时光梅酒、米酒品牌米色以及水果味的低度白酒果立方等。这种多元化的品牌架构丰富了企业的品牌战略,使江小白能够更加灵活地进行营销,满足不同消费者的需求。

2. 扩大营收范围

企业采用多品牌架构推出不同产品,能够深化不同领域受众对品牌的认知,吸引不同的目标受众,占领更多细分市场,从而扩大营收范围,获得更多收益。

例如,可口可乐是知名的饮料品牌,其旗下除了可口可乐外,还有美汁源、雪碧、芬达等众多饮料品牌。这种多元化的品牌架构使得可口可乐在饮料界成为巨头。

百事可乐作为一家世界知名的饮料公司,虽然在许多地区的饮料市场竞争中与对手苦战但在营收方面很有收获。这主要归功于百事可乐不限于饮料品牌,还拥有乐事、桂格麦片、奇多等零食品牌。这些零食品牌为百事可乐带来了巨额营收。

多品牌架构有助于企业在市场竞争中占据更有利的地位,为用户提供更多元化的产品选择,能够吸引不同类型的用户。

3. 形成内部竞争机制

多品牌架构可以在企业内部形成竞争机制,促进品牌间的竞争。通过这种竞争机制,企业可以明确哪些品牌具有更大的潜力,值得投入更多资源进行扶持,而哪些品牌不受市场欢迎,需要减少投入或退出市场。这种竞争机制有助于企业优化资源配置,降低运营风险。

然而,企业采用多品牌架构也存在一些弊端。例如,资源分散可能导致核心品牌得不到必要的支持;企业内部竞争加剧可能导致资源浪费;多品牌管理难度增大,增加企业管理风险等。因此,企业在采用多品牌架构时需要谨慎考虑经营目标、资金实力等因素,设计合理的多品牌架构,避免盲目扩张。

第三节 打造多种IP，推进品牌IP建设

随着市场中信息的爆发式增长和媒体内容的碎片化，品牌营销面临着巨大的挑战。在此背景下，越来越多的企业开始重视品牌IP建设，以聚集忠实用户并提高用户黏性。企业需要借助品牌IP建设来深化用户对品牌的认知，在这方面，打造人格化IP和活动IP是推动品牌IP建设的有效手段。

一、品牌IP化发展成为趋势

当前，品牌IP化在市场中发挥着越来越重要的作用。越来越多的企业推出品牌IP代言人，与用户建立深度连接，从而实现更好的商业变现。品牌IP化为企业提供了新的营销切入点，有助于企业围绕IP打造独特的内容，并突出品牌的差异化特点。

对于企业而言，品牌IP化是一种有效的工具，能够推动企业与品牌共同发展。企业可以通过塑造鲜明的品牌人设，与用户进行持续的互动和交流。当品牌与更多用户建立了深入的连接，受到用户的广泛喜爱，并能够有效推动品牌转化时，品牌就演变成一个IP。IP是品牌发展的高级阶段。

作为推动企业和品牌发展的利器，品牌IP化具有以下优势：

（1）品牌IP化能够提高品牌的辨识度。许多企业在品牌IP化的发展过程中推出了独特的IP形象。例如，零食品牌三只松鼠基于品牌logo打

造了3D化的品牌IP形象,保健美容品牌屈臣氏则推出了品牌IP形象屈晨曦等。独特的IP形象突出了品牌的差异化特点,显著提高了品牌的辨识度。

(2)品牌IP化能够提升品牌的亲和力,增强用户黏性。品牌IP化有助于拉近品牌与用户的关系,通过持续的内容输出让用户与IP产生共鸣。企业可以聚焦品牌IP持续输出内容,吸引用户的关注和互动,从而将更多普通用户转化为忠实用户。

(3)品牌IP化能够拓宽传播渠道,强化品牌传播效果。品牌IP具有超强的延展性。在线上,品牌IP以虚拟形象与用户进行线上互动,借助虚拟技术为用户带来沉浸式的视听体验。在线下,品牌可以利用实体IP形象与用户进行互动,或根据IP形象推出各种实体周边产品,进一步加深与用户的连接。

在品牌IP化趋势下,企业需要提炼品牌差异性与价值,通过打造IP形象、持续输出与IP相关的内容等方式实现品牌IP化演变。这能够打通品牌营销路径,强化品牌势能,推动品牌进一步增长。

二、打造人格化IP,深化品牌形象

品牌IP有多种表现形式,品牌的商标、衍生周边等,都属于品牌IP的内容。这些内容具有一个共性,即都需要用户主动识别,无法主动与用户对话。相较于这些静态的IP内容,用户更愿意相信一个有情感、有温度的人。

企业可以深入挖掘品牌的人性化特质,赋予IP鲜明的人物设定,塑造出一个具有价值观、情感丰富的鲜活人物,即人格化IP。人格化IP能够与用户进行对话和多种互动,建立起品牌与用户的双向连接。企业可以利用人格化 IP 灵活、持续地将品牌内容传递给用户,并收集用户反馈,形成文化共识。同时,人格化 IP 在与用户互动的过程中能够展现其人格魅力,与用户进行情感交互,从而赢得用户的信任。

许多品牌的强势发展,背后都离不开人格化 IP 的助力。以巧克力豆品牌 M&M's 为例,在国际化发展过程中,M&M's 一度陷入增长困境。为此,M&M's 向创意营销机构 BBDO 寻求帮助。BBDO 为 M&M's 打造了新形象,设计了六个颜色不同的巧克力豆公仔,作为巧克力豆的代表形象。

每种颜色的巧克力豆公仔都有自己独特的人格特征,例如,红 M 豆公仔爱出风头、自命不凡;黄 M 豆公仔可爱、憨厚等。为了加深人们对这些巧克力豆公仔的印象,BBDO 还为它们设计了一个创意圣诞广告。在广告中,虚构的圣诞老人与虚构的红 M 豆、黄 M 豆公仔相遇,彼此都惊呼"他(们)竟然真的存在"并同时被吓晕倒地。这一诙谐幽默的广告让 M 豆公仔的形象深入人心。借助 M 豆人格化 IP,M&M's 的销量实现了显著增长。

品牌打造人格化 IP 的过程,实际上是赋予虚拟形象人物设定和情感的过程,旨在长期运营中塑造出一个接近真实的人物。通过与用户进行互动,人格化 IP 更容易让用户产生信任与好感,并深化用户对品牌的认知。与真人一样,人格化 IP 具有鲜明的性格特征,并能随着时间的推移成长。在这个过程中,其与用户的连接会越来越紧密,成为品牌连接用户的情感纽带。

三、打造活动 IP,形成品牌记忆

开展营销活动是企业营销的重要举措。但是,与其开展多样的活动,不如持续地开展一个营销活动。营销活动通过统一的时间节点、固定的消费规则等重复推行，能够加深用户对品牌的认知，形成记忆点。持续开展的具有品牌特色的活动可以成为品牌活动 IP，推进品牌 IP 化的演变。

常见的活动 IP 类型如图 12.2 所示。

品牌形象类

促销活动类

节日活动类

社群活动类

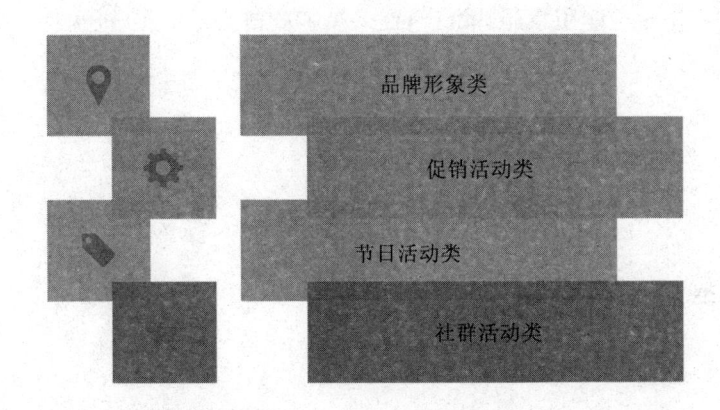

图 12.2　常见的活动 IP 类型

（1）品牌形象类：指的是通过活动 IP 承载品牌形象，宣传品牌理念。例如，淘宝的造物节、特步的跑步节等都是以活动 IP 的形式展现品牌形象和理念。

（2）促销活动类：包括各大电商平台的购物节、一些品牌的定时促销活动等。例如，淘宝的"双 11"购物节、京东的"6·18"购物节已经成为知名 IP。

（3）节日活动类：一些品牌以特定节日为时间节点，打造符合活动氛围的品牌活动，并通过持续运营形成活动 IP。例如，百事可乐在每年春节期间都会推出"把乐带回家"系列短片，并通过长期运营形成知名活动 IP，加深了用户对百事可乐的认知。

（4）社群活动类：一些拥有庞大用户群体的品牌，往往会聚焦用户推出盛大的活动，以维系用户，加深与用户的连接。例如，小米公司为了回馈用户对公司的支持,推出了粉丝活动"米粉节",每年定期举办用户欢聚的盛典。

企业可以从以上角度出发,打造适合自己的活动IP。将活动打造成IP,能够发挥品牌效应,凝聚用户共识,吸引更多用户参与活动。同时,在长期的运营中,企业也能积累品牌资产,提升品牌竞争力。